Kluwe-Yorck · Fische fangen – Von den Bergen bis zur See

Umschlaggestaltung: Andreas Pflaum

Titelbild: Frank Weissert und Sylvia Kramer

Text und Inhaltsfotos: Vincent Kluwe-Yorck
Fischillustrationen: Vincent Kluwe-Yorck und Corinna Naujok, Berlin
Montagezeichnungen: G. Scot, Hamburg

ISBN 3-275-01275-4

1. Auflage 1998

Innengestaltung: IPa, 71665 Vaihingen/Enz
Herstellung: Hermann Lambrecht
Druck und Bindung: Fotolito Longo, Bozen
Printed in Italy

Vincent Kluwe-Yorck

Fische fangen – Von den Bergen bis zur See

Das Handbuch für den Süßwasserangler
Gewässer – Fische – Geräte – Methoden

Müller Rüschlikon

Inhalt

Warum angeln?

Angeln ist vielseitiger als die meisten anderen Freizeittätigkeiten. Die Gewässer von den Bergen bis zur See bieten uns mit ihren so verschiedenartigen Temperamenten, ihrem vielfältigen Fischreichtum und den besonderen Reizen der unterschiedlichsten Landschaften abwechslungsreiches Erleben. Schnelle Bäche, die sich lebhaft den Weg von den Bergen herunter in die Täler suchen, bieten in zahllosen ausgewaschenen Höhlen den Forellen Unterschlupf, die hier in ihren Verstecken auf vorbeitreibende Beute lauern. Äschen stellen ihre langen Rückenfahnen auf, um nicht in der Strömung des schon mächtiger gewordenen Gewässers die Orientierung zu verlieren. Die Barben, die sich auf den kiesigen Boden des kraftvoll durchs Land windenden Flusses ducken, tasten mit ihren sensiblen Bartfäden nach Futter.

Und endlich die Brassenscharen, die unermüdlich unsere gemächlich durch das Flachland dahinziehenden Ströme durchstreifen auf der Suche nach ergiebigen Larvenfeldern, auf denen sie genüßlich und systematisch weiden. Die Mündungen der Flüsse, in deren Mischwasser sich Flundern und Kaulbarsche nicht so recht zwischen Salzwasser und Süßwasser entscheiden wollen. Endlich die Küstenstreifen, wo jede Flut aufs Neue die Meeresfische ans Ufer lockt, wo sie den Reichtum an Würmern, Schalentieren und kleineren Fischen nutzen. Und diese ganze Vielfalt in Gottes Schöpfung ist für uns Angler erreichbar!

Wenn auch unser Fischen mit der Angelrute von den meisten Menschen wenig beachtet und höchstens mit negativen Bemerkungen bedacht wird – natürlich ohne, daß diese Menschen auch nur das geringste davon verstünden – muß eines sehr deutlich gesagt werden: Der Nutzen des Angelns ist außergewöhnlich hoch und das in mehrfacher Hinsicht. Die traditionelle Nahrungsbeschaffung ist im Zeitalter der Supermärkte mit ihren randvollen Tiefkühltruhen nicht einmal das wichtigste – besonders angesichts der Tatsache, daß eine hochwertige Angelausrüstung heute einige Tausend Mark kostet und damit in keinem Verhältnis mehr steht zum Kaufpreis für Fische im Lebensmittelhandel. Abgesehen natürlich auch von den laufenden Kosten für Angelkarten, Köder und Verbrauchsmaterial wie Schnüre und Haken. Obwohl andererseits betont werden muß, daß der Fisch, den wir mit unseren eigenen Händen gefangen haben, besser schmeckt als jeder gekaufte!

Aber der Nutzen liegt nicht in der Beute allein. Was uns Zivilisationsbürgern fehlt, ist der direkte Kontakt zur Natur.

Naturerleben ist Entspannung und Erholung für den Geist.
Während Spaziergänger und Radfahrer die Landschaft nur als Kulisse erleben, an der sie sich vorbeibewegen und sie dabei oft genug beschädigen oder verschmutzen, dringt der Angler in aller Bescheidenheit und Stille ein in ihre Geheimnisse. Er wird Bestandteil der Umgebung und gewinnt direkte Beziehungen zu den Bewohnern des Reviers. So ist er nicht nur Betrachter, sondern er wird für die vielen Tiere um ihn herum zu einem weiteren Bewohner des Reviers. Wenn der Angler häufiger eine bestimmte Stelle besucht, wird er erleben, wie die Tiere nach und nach aus ihren Unterschlüpfen hervorkommen, um sich ihm für einen ersten Kontakt zu nähern und ihn kennenzulernen. Verständlich, denn für jedes Tier ist es ein lebenserhaltendes und elementares Bedürfnis, sein Revier und die Bewohner zu kennen und zu wissen, ob von ihnen Gefahr ausgeht. Während der Spaziergänger nur eine Fluchtreaktion auslöst, wird der Angler bald als „Mitbewohner“ akzeptiert.
Gerade dem streßgeplagten Großstadtmenschen, der häufig die gewachsene innere Beziehung zur Natur verloren hat, bietet sich durch das Angeln ein weites Erlebnisfeld. Wenn er Erfolg haben will, muß er die Fische kennen. Er muß wissen, wo er sie findet und was und wann sie fressen. So lernt er viel über ihre Lebensweise und ihren Lebensraum. Da jedes Gewässer von der umgebenden Natur geprägt ist, lernt er durch Beobachtung auch vieles über die Tiere und Pflanzen an Land. Und da das Wetter großen Einfluß hat auf das Verhalten der Fische, versteht er nach und nach auch die Zusammenhänge und Wirkungen unseres Klimas.
Jede Gewässerregion bietet nur bestimmten Fischarten gute Lebensbedingungen. Und jede Region hat ein anderes Temperament. Ein Gebirgsbach stürzt über seine flache, enge Rinne voran. Flachlandbäche führen ihr klares Wasser größeren Gewässern zu. Flüsse strömen schnell oder langsam durch schmale oder breite und flache oder tiefe Betten dahin. Und die Fische nutzen alle Lebensräume, die sich ihnen bieten: sie eilen unter der Oberfläche des Freiwassers hin und her, ducken sich in der Hauptströmung an den Grund oder nutzen Uferhöhlen als Deckung.
So vielfältig sind auch die Angeltechniken. Das Gewässer und der Fisch bestimmen die Methode – so müssen wir auch wissen, mit welchem Gerüst wir zum Erfolg kommen. Das Geheimnis liegt darin, beurteilen zu lernen, wie wir den richtigen Köder an der richtigen Stelle auf die richtige Weise präsentieren. Aber welcher Köder spricht nun in dieser Jahreszeit bei diesem Wasserstand zu dieser Tageszeit unseren speziellen Fisch an?! Schon an dieser komplizierten Fragestellung läßt sich ablesen, wie notwendig es ist, ein umfangreiches Wissen über das Zu-

sammenspiel von Gewässer, Wetter und der umgebenden Natur zu erwerben und die entsprechenden Angeltechniken zu meistern, die zum Erfolg führen. Natürlich dauert es Jahre, bis dieses Wissen durch bröckchenweise gesammelte Erfahrung angehäuft wird, denn Bücher und Zeitschriften können nur ein Gerüst vermitteln, aber gerade dieses Lernen über lange Zeit macht das Angeln so anspruchsvoll und wertvoll.
Auch der pädagogische Wert wird meist übersehen. Wie sollen junge Menschen zum Respekt gegenüber Tier und Pflanze erzogen werden, wenn ihnen der direkte Umgang fehlt und sie keinerlei Beziehung dazu haben, wie es gerade in der Großstadt häufig der Fall ist? Wenn sie die Natur sozusagen nur durchrasend aus der Mountainbike-Perspektive kennen?
Jeder Pädagoge weiß, wie schwierig es ist, Jugendliche zum Lesen anzuregen, wenn sie ein Thema nicht interessiert. Welcher Schüler findet im Rahmen der Pflichtlektüre schon Hamlets tiefschürfende Frage nach Sein oder Nicht-Sein irrsinnig spannend?! Aber wie eifrig wird gelesen, wenn sich der Nutzen in greifbaren Ergebnissen zeigt. Wenn ein begeisterter Jungangler gelegentlich den Erfolg eines erfahrenen Anglers bewundern kann, wird sein Ehrgeiz angespornt und dankbar wird er sich in ein Angel- oder Naturbuch vertiefen, das ihm angeboten wird. So lernt er, daß ihm Lesen nützlich ist und er wird sich das für andere Gelegenheiten merken.
Aber auch Geschicklichkeit ist gefragt. Sehr schnell wird ein ehrgeiziger Angler versucht sein, seine Ausrüstung zu verbessern. Jede Fangtechnik sollte optimal dem Gewässer und der Fischart angepaßt sein. Diese Vielfalt kann durch das Angebot des Handels nicht vollständig abgedeckt werden.
Also wird ein motivierter Angler bald dazu übergehen, sich vieles selbst zu fertigen. Das setzt Experimentieren, Materialkenntnis und Geschicklichkeit voraus. Und um seine Angel überhaupt einwerfen zu können, muß er komplizierte Montagen herstellen – jedes Angelwasser erfordert neue Anordnungen und die vielen Knoten, deren saubere Herstellung wir im Schlaf beherrschen müssen, machen dem Ungeschickten das Leben auch nicht gerade leichter.
Wem es nun noch einfällt zu behaupten, Angeln sei so passiv und unsportlich, dem sei gesagt, daß viele Angler kilometerweit laufen oder radeln bis zu ihrem Lieblingsplätzchen oder ein Boot über weite Strecken rudern müssen. Der Fliegenfischer und der Spinnangler laufen kilometerweit die Ufer ab, um ihre Beute zu finden.
Sehr häufig hört man sagen, das Angeln wäre doch so langweilig. Wenn ein Angler scheinbar untätig am Ufer sitzt, heißt das nicht, daß er nichts tut! Er könnte gerade dabei sein, über seine Taktik nachzudenken und generell befindet er sich die ganze Zeit über in einer Art von unterschwelliger Spannung, die dafür sorgt, daß es nicht lang-

weilig wird – es sei denn, er gehört zu der Gruppe von Freizeitanglern, denen es völlig egal ist, ob ein Fisch beißt oder nicht. Für diese Gruppe ist das Angeln ein willkommener Anlaß, sich am Wasser aufzuhalten und sich dabei zu erholen.

So läßt sich sagen: Beobachtungsgabe, logisches Denken, Lernen auf den unterschiedlichsten Gebieten, Beharrlichkeit, Improvisationsgabe, Bemühung, Geschicklichkeit und sportlicher Fleiß werden gefördert auf dem Weg, ein guter Angler zu werden.

Es wäre nicht verwunderlich, von den Soziologen zu erfahren, daß sich engagiertes Angeln noch auf einem ganz anderen Gebiet positiv auswirken kann: Jugendkriminalität und Rowdytum sind bei unserer übersättigten, unausgewogenen und gelangweilten Großstadtjugend kaum noch zu bewältigende Probleme, wie jeder Lehrer aus bitterer Erfahrung weiß.

Begeisterung verhindert Langeweile und fördert beim Angeln die Sensibilität. Und sensible Menschen neigen nun einmal nicht zu Rohheitsdelikten – nicht in der Schule und vielleicht auch später im Erwachsenenalter nicht. Daß Ehen zwischen angelnden Partnern stabiler sind als andere, ist jedenfalls seit kurzem eindeutig nachgewiesen!

Fast schon überflüssig, auf den hohen Erholungswert hinzuweisen, der sich uns in Hektik, Lärm und Gestank lebenden Stadtbewohnern mit dem Angeln bietet. Allein dieser Wert wäre ausreichend, den Nutzen des Angelns zu beweisen und es wundert mich, daß nicht viel mehr Menschen aus den gehobenen Berufen, die durch größere Verantwortung auch mehr dem Streß ausgesetzt sind, diesen Wert erkennen. Erklärbar ist das nur aus der Vergangenheit der Angelei und ihrem früheren Image, eine anspruchslose, unschicke Tätigkeit für simple Gemüter der unteren Klassen zu sein.

Die moderne Technik mit ihren neuen Materialien und die rapide Weiterentwicklung der Methoden haben das Angeln in den letzten zwei Jahrzehnten zu einer sehr anspruchsvollen Tätigkeit mit extrem verfeinerten, kunstvoll gefertigten und entsprechend teuren Geräten werden lassen – einer Tätigkeit, die auch anspruchsvolle Geister auf niveauvolle Art befriedigen und erfüllen kann.

Die Angelmethoden sind so vielfältig wie die Regionen unserer Gewässer und die darin lebenden Fische. Zwischen dem Fliegenfischen auf Salmoniden im Gebirgsbach oder im tiefen See des Voralpenlandes, dem feinen Posenfischen mit der Matchrute, dem englischen Grundangeln mit der Winklepickerrute und dem Angeln auf Karpfen oder Wels, dem Absuchen langer Uferstrecken mit der Spinnrute und dem anstrengenden Fischen in der Brandung, wo wir in besonderer Weise gegen die Launen der Natur ankämpfen, um unseren Steinbutt oder Dorsch zu erbeuten, liegen Welten. Jede dieser

Disziplinen ist eine Welt des Angelns für sich und erfordert Jahrzehnte der Erfahrung und des Trainings, um zum Meister zu werden.
Leider hat sich erst in den letzten Jahren der Eigenwert der Natur und ihrer Bewohner im Bewußtsein einer wachsenden Gruppe von Menschen festgesetzt. Naturschutz ist ein vordringliches Problem geworden, damit sich auch künftige Generationen auf unserem Planeten wohlfühlen können.
Viele Menschen müssen noch aufmerksam gemacht werden, daß sie ihren Müll nicht in der freien Natur hinterlassen dürfen. Es gibt nichts häßlicheres als den Saum aus Plastikschachteln und Colabüchsen, der die Ufer unserer Gewässer ziert!
Ebenso unnötig ist es, die Uferkanten niederzutrampeln, um sich einen breiten Weg ans Wasser zu bahnen. Stattdessen heimlich ans Ufer schleichen und die vorhandene Vegetation als Deckung nutzen, ohne sie zu beschädigen! Auch Pflanzen sind Lebewesen und haben ein Recht auf Schönheit und Unversehrtheit. Es ist absolut unnötig, ihnen Zweige abzubrechen, um damit einen Rutenhalter zu basteln, den wir für sehr wenig Geld in guter Qualität und immer wieder benutzbar im Fachgeschäft kaufen können! Ein kluger Philosoph hat einmal, sinngemäß wiedergegeben, die Forderung gestellt: „Verhalte Dich so, daß Dein Handeln zum allgemeinen Gesetz werden könnte!" Daher hier die Bitte an alle zukünftigen Angler, der Devise des Autors zu folgen: „Hinterlasse nichts als Deinen Fingerabdruck auf dem größten Fisch!" Also keinen Müll und keine abgerissenen Zweige!
Viele Angler setzen sich aktiv für den Naturschutz ein. Hoffen wir, daß sich der Einsatz der vielen Angler und ihrer Vereine um Erhalt und Pflege unserer Gewässer und der angrenzenden Natur gegen die Zerstörungen durch Nichtangler durchsetzen kann und diesen Bemühungen irgendwann die öffentliche Aufmerksamkeit und Achtung zukommt, die sie verdienen! Schließlich sind es die Angler, die alle Gewässer beobachten und jeden schädigenden Einfluß bemerken und bekämpfen.
Leider werden wir Angler von unserem unglücklichen „Tierschutzgesetz" gezwungen, alle gefangenen Fische zu töten. Es ist leicht vorstellbar, welche Folgen das bei Millionen Anglern auf unseren Fischbestand hat. Wäre es nicht sinnvoller zu gestatten, daß die Beute schonend vom Haken befreit und ebenso schonend und unverletzt wieder zurückgesetzt werden darf? Unsere modernen Fangmethoden sind inzwischen so ausgereift, daß es möglich ist, einen Fisch zu fangen und zurückzusetzen, ohne bleibende Verletzungen zu verursachen.
Viel nützlicher wäre es, den Lehrgang zur Fischerprüfung um einen Kurs über den Umgang mit gefangenen Fischen zu erweitern, damit jeder Angler weiß, wie er Fische fangen und zurück-

setzen kann, ohne ihnen Leid zuzufügen. Vom Gesetz zum Töten gezwungen, bewegt man sich als Angler ständig in der Illegalität, wenn man dies mit seiner eigenen Devise „Töte kein Tier ohne Not" nicht vereinbaren kann und dennoch Angler bleiben will. Gute Gründe für diesen Wunsch wurden ja ausreichend angeführt.
Vermeintliche Tierschützer werfen nun ein, daß der Fisch Schmerzen und Leid empfände, wenn er am Haken hängt. Dagegen sprechen sehr klare Überlegungen. Jagen und gejagt zu werden gehören als lebenslange Bedingungen zum täglichen Lebensrhythmus der Tierwelt und müssen entsprechend gelassen und selbstverständlich von allen Tieren hingenommen werden. Die täglichen Attacken der Barsch- oder Zanderrudel, Hechte, Welse oder Reiher gehören ebenso für jeden Fisch zum „Way of Life" wie die Futtersuche und würden sicherlich zum frühen Herztod der bedrohten Fischwelt führen, wären sie mit unerträglichem Dauerstreß verbunden!
Ein kleines Kind ist in der Lage, einen tonnenschweren Bullen an einem Ring in der Nase umherzuführen ohne die geringste Gegenwehr. Warum? Weil der Bulle dabei Schmerz empfindet. Jeder Angler weiß, daß ein Fisch jedoch mit aller Macht an der Leine zieht und am Haken kämpft, bis er müde ist. Würde er das wohl tun, wenn er Schmerz dabei empfände? Wohl kaum! Und das Loch des Hakens in der Lippe, das ja eine Verletzung darstellt? Jeder Angler weiß, daß sich Fische unter anderem von spitzig splitternden Muscheln ernähren und generell jedes Fundgut im Wasser auf seine Freßbarkeit untersuchen. Dabei beißen sie auch auf scharfkantigen Gegenständen herum, an denen sie sich verletzen. Viele Fischarten wühlen mit ihren kräftigen Lippen im Boden, in den sie dabei tiefe Krater stoßen. Könnten sie sich bei dieser Ernährungsweise rund und moppelig halten, wenn sie Schmerzen dabei empfänden? Wohl kaum!
So wird sichtbar, daß es sich bei den Argumenten einiger Tierschützer gegen uns Angler um zwar gutgemeinte, aber von völliger Unkenntnis geprägte Vorwürfe von Schreibtischphilosophen und durch die Segnungen der Zivilisation verweichlichten Fernsehsesselhockern handelt, die selbst von jeder Abweichung in ihrem begrenzten Tätigkeitsfeld beunruhigt und gestreßt werden. Diese eigene Streßanfälligkeit und naturfernes Bambidenken nun auf die Tierwelt zu übertragen, ist absolut unsinnig und hilft weder dem Menschen, noch der Natur.
Gar nicht zu reden von der unerfreulichen Tatsache, daß aktuelle Themen von vielen Leuten gerne als Vorwand genutzt werden, sich auf Kosten anderer zu profilieren und damit eine Karriere (wie als Professor oder Politiker) zu starten. Fragwürdig, wenn dies nur von einer hauchdünnen Decke an Sachverstand getragen wird!

Zum Abschluß die Bitte um besondere Aufmerksamkeit für folgende Überlegungen an die angehenden Angler, auf denen die Hoffnung für unsere anglerische Zukunft liegt. Häufig hört man besonders in Fliegenfischerkreisen den Begriff „Edelfisch“ für die Mitglieder der Salmonidenfamilie im Gegensatz zu „unedlen“ Fischen, mit denen offenbar alle Arten gemeint sein sollen, für die sich Fliegenfischer nicht interessieren. Warum der rassige Hecht unedler sein soll als die Forelle, bleibt ein Rätsel und wer dürfte behaupten, daß die schöne Schleie nicht edlen Geblütes sei?!

Und was bitte soll daran edler sein, eine Forelle mit der künstlichen Fliege zu verführen als einen klugen, alten Hecht mit dem Spinnköder oder eine stattliche Barbe mit der fein und kunstvoll geführten Pose zu überlisten?!

Die einzig sinnvolle Unterscheidung, die neben der wissenschaftlichen Zuordnung zu bestimmten Familien gelten mag, ist die sehr persönliche Einteilung in Fische, die wir gerne essen und solche, die wir nicht essen! Alles andere ist bornierte Wichtigtuerei mancher etwas altmodischer Fliegenfischer. Anmaßende und abfällige Wertungen über edel oder nicht-edel haben keinen Platz in einer Welt der Toleranz und gegenseitigen Achtung. Angeln dient der Erholung und der Freude an der Natur und nicht der Förderung von Statusgehabe und Klassendenken!

Den Fisch aufspüren – wo immer sein Revier liegen mag und ihn nach allen Regeln der Angelkunst überlisten. Dazu gehört in jedem Gewässer viel Können – gemischt mit Phantasie und einem Hauch von Meisterschaft!

Teil 1: Die Angelgewässer

Die Flüsse

Die Beschaffenheit eines Gewässers – Klarheit, Tempo der Strömung, Tier- und Pflanzenwelt am und im Wasser sowie seine geographische Lage – gibt Hinweise, welche Fischarten dort zu erwarten sind und mit welchen Geräten, Methoden und Ködern sie erfolgreich beangelt werden können.

Natürliche Fließgewässer:

Quellbäche, die sowohl im Gebirge, als auch im Flachland entspringen können und deren Wasser kalt und klar ist. Kleine Flüsse mit schneller Strömung, die sich durch den Zusammenfluß mehrerer Bäche bilden und deren ehemals viele Windungen heute häufig begradigt sind. Größere Flüsse mit immer noch schneller Strömung, deren Wasser von vielen kleineren Gewässern gespeist wird und die mit ihren „Mäander-Windungen" die Landschaft prägen. Breite Flüsse mit langsamer Strömung, die sich geradlinig und zwischen befestigten Ufern ihren Weg zur Küste bahnen.

Man hat entdeckt, daß sich viele Fließgewässer in vergleichbare Abschnitte zwischen Quelle und Mündung einteilen lassen. In diesen Abschnitten können sie sich ähneln in ihrer Gestalt, dem Sauerstoffgehalt des Wassers, seiner Temperatur und dem Temperament. Aufgrund dieser ähnlichen Bedingungen bringen sie ähnliche Ökosysteme hervor, also einen gleichartigen Bestand an Tieren und Pflanzen am und im Wasser.

Diesen vergleichbaren Abschnitten hat man Namen gegeben, um sie mit ihren typischen Merkmalen voneinander unterscheiden zu können. Benannt wurden diese Regionen nach den Fischarten, die dort ideale Lebensbedingungen finden – den sogenannten „Leitfischen" der Region.

Die Merkmale, nach denen sich die Gewässerregionen unterscheiden lassen, sind: 1. Wassertemperatur, 2. Sauerstoffgehalt, 3. Strömungsgeschwindigkeit, 4. Bodenstruktur.

Das System der Regionen ist nur als Modell eines „Idealgewässers" gedacht und kommt in dieser klaren Ausprägung in der Natur wahrscheinlich nur selten vor. Deshalb muß man sich die Übergänge zwischen den einzelnen Regionen eher fließend vorstellen und es darf nicht verwundern, in der Barbenregion einer entdeckungsfreudigen Regenbogenforelle zu begegnen oder in einem Forellenbach eine silberne Äsche zu sehen, die ihre purpurne Rückenfahne aufstellt!

Die 5 Regionen der Fließgewässer:

1. Die Forellenregion
2. Die Äschenregion
3. Die Barbenregion
4. Die Brassenregion
5. Die Kaulbarsch-Flunderregion

Die Forellenregion

Der Anfang aller Fließgewässer ist die Quelle mit ihrem kalten, klaren, schnell strömenden und sauerstoffreichen Wasser. Als Rinnsal sprudelt es aus dem Boden hervor und sucht sich seinen Weg hinab – zwischen Felsbrocken, über Kiesflächen hinweg, unter den Wurzeln alter Bäume hindurch. Fehlender Nährboden bietet eine unwirtliche Region für Insekten und die Fische, denen sie als Nahrung dienen könnten. Das Wasser ist äußerst nährstoffarm. Noch ist das junge Wässerchen zu schwach, sich ein richtiges Bett zu schaffen, Kolke auszuwaschen oder Felsbrocken beiseite zu schieben. Es folgt dem Weg des geringsten Widerstandes und sucht sich seinen Lauf, wie es das Gelände erlaubt. Erst wo mehrere Rinnsale zusammenfließen, teils aus Schmelzwasser der Gletscher, teils vom Regenwasser oder vom Grundwasser gespeist, wird ein Quellbach geboren.

Nach und nach wäscht und drängt er sich seinen Weg, in unzähligen Kaskaden und Strudeln Sauerstoff mitreißend. Wasserfälle, Gumpen und flache Zonen mit steinigem Grund, angeschwemmten Sandbänken oder Schotterflächen wechseln einander ab. Ihr Gefälle wird durch die Umgebung bestimmt – je nachdem, ob ihre Heimat das Hochgebirge, das Mittelgebirge oder das Flachland ist. Die Handbreit Wasserführung eines Flachlandbaches wird von den Rückenflossen der kleinen Steinforellen fast durchbrochen. Das lupenreine Wasser wird im Frühjahr durch einbrechendes Schmelzwasser gelblich gefärbt und im Sommer durch starke Regenfälle getrübt. Hier, wo zarte Ansätze zu einem Nahrungskreislauf aus Pflanzen, Plankton und Insekten entstehen, beginnt die Forellenregion. Erste schüchterne Versuche der Pflanzenwelt, sich im Wasser anzusiedeln, gelingen mit den als Nahrung wichtigen Algen und strömungsfesten Arten wie Quellmoos und Wasserhahnenfuß, die in dichten Büscheln in der Strömung wedeln.

Am Ufer zeigen sich Wasseramseln und in höheren Lagen der Alpensalamander. Die wenigen Pflanzen bilden nur geringe Mengen organischer Zerfallsprodukte und Trübstoffe, die den Sauerstoff verbrauchen und das Wasser trüben könnten, die aber auch Myriaden von Kleinstorganismen eine Lebensgrundlage bieten und selbst wieder Nahrung bilden für höherentwickeltes Leben.

Je dichter der Bestand an Insekten und Larven, desto mehr Fische entwickeln sich – sie bieten neben zufällig eingespülten Landinsekten wie fliegenden Ameisen, Wespen oder Käfern die Hauptnahrung der Fische der Region. Typisch ihre gute Anpassung an die starke Strömung: abgeplatteter Körper oder starke Instrumente zum Festklammern am Gestein. In Flachlandbächen auch grabende Formen, wie die Larven einiger Mückenarten – wie der Kriebelmücke.

Nahe der Quelle in der oberen Forellenregion nur kriechende Formen wie Steinklammerer, Höhlenbachflohkrebs, verschiedene Eintags- und Steinfliegenlarven.

Die kriechenden Formen dienen als Indikator für beste Gewässergüte: sauber und hoher Sauerstoffgehalt. Köcherfliegenlarven bauen sich Köcher aus Sand, Steinen oder Geäst. Daneben Strudelwürmer und Mützenschnecken. In der mittleren Forellenregion wird die Körperform der Insekten teilweise torpedoförmig, wodurch sie zu guten Schwimmern werden und kleine Planktonkrebse (Hüpferlinge, Wasserflöhe) jagen können. Unter den Ufersteinen leben Bachflohkrebse, Wasserasseln, verschiedene Schwimm- und Wasserkäferarten. Dort, wo in ruhigen Buchten ein Sand- oder Lehmboden das Eindringen von Leben erlaubt, auch grabende Formen wie die große Maifliege und Eintagsfliegen (die Arten der Ephemeriden). Als freischwimmende Formen die Larven verschiedener Libellen wie Quelljungfern und Zangenlibellen, die mit ihrer Fangmaske auf Beutejagd gehen.

Neben der schönen Bachforelle, die in nahrungsarmen Gewässern zur sogenannten „Steinforelle“ mit kaum mehr als 20 cm Länge verkümmert, finden sich der Bachsaibling und die Regenbogenforelle. Daneben die Elritze, die Schmerle, die Groppe (Mühlkoppe) und das Bachneunauge. Meerforelle und Lachs, die früher zum Laichen die

Flüsse hinauf bis in die Oberläufe zogen, wurden in Deutschland durch den hohen Verschmutzungsgrad aller Gewässer und die zahlreichen Gewässerverbauungen vertrieben.

Merkmale der Forellenregion:
Kaltes, klares und schnell fließendes Wasser mit nahezu 100 % Sichtigkeit und hohem Anteil an Sauerstoff. Eher flach und sehr nahrungsarm – wenige Pflanzen und Insekten. Boden steinig bis kiesig, nur in ruhigen Buchten durch Schwemmsand auch sandig. Temperatur zwischen 4 und 15 Grad C.

Die Äschenregion

Der Bach hat sich nun mit seinem breiter und tiefer gewordenen Bett bereits für einen deutlicher markierten Verlauf entschieden: klarer begrenzte Ufer, die bei Hochwasser allerdings noch häufig überschritten werden. Gefälle und Strömung haben sichtlich abgenommen, so daß sich im Sommer das Wasser bis auf 18 Grad C. erwärmen kann: bei insgesamt sanfterem Charakter des Gewässers ein wichtiges Merkmal der Region. Von Herbst bis Frühling ist das Wasser sehr sauerstoffhaltig und dank des in der Strömung überwiegend kiesigen Bodens, der wie ein Filter wirkt, ist es weitgehend so klar, daß der Grund zu sehen ist.
Aus mitgerissenem Sand werden in etwas ruhigeren Abschnitten Bänke aufge-

baut. Tiefe Gumpen wechseln sich mit flachen Zonen ab. In den Windungen des Flüßchens bilden sich auf den Außenseiten, den Prallhängen, tiefe Ausspülungen (Kolke) und an den geschützten Innenseiten hinter den Biegungen entstehen Flachwasserbereiche. Es siedelt sich reichhaltige Vegetation an, die einer Vielzahl von Kleintieren Nahrung bietet und bei ihrem Zerfall im Herbst eine nahrhafte Schlammschicht und damit neuen Nährboden bildet.

Neben dem Quellmoos siedeln sich dicke Polster Flußlaichkraut, Wasserpest und Wasserstern sowie eine große Zahl verschiedener Insekten an. Die Klammerer der Forellenregion mit ihrem Anspruch an höchste Wasserqualität sind rar geworden. Dafür finden sich grabende Formen, die in Steinritzen, Sand und Lehm eindringen, während sich Scharen von Bachflohkrebsen und große Egel unter Ufersteinen verbergen. Köcherfliegenlarven tasten sich voran und kleine Wasserkäfer flitzen aufgeschreckt umher. Eintagsfliegen- und Libellenlarven hangeln sich an den Stengeln der Wasserpflanzen entlang und Kriebelmückenlarven verraten sich an den Grabspuren im Grund, auf dem Mützenschnecken und Tellerschnecken gemächlich entlangkriechen, während sich Erbsenmuschel und Flußmuschel ruhig am Boden liegend ihr Futter von der Strömung zutreiben lassen.

Durch die größere Vielfalt an Nahrung finden viele Fische gute Lebensbedingungen. Früher zogen anadrome Wanderfische wie Meerforelle und Lachs, aber auch Neunauge und Quappe zum Laichen hier herauf. Heute wird ihnen dies durch unzählige Bauten verwehrt, sodaß sie kaum noch ihren Weg in die Oberläufe der Gewässer finden. Abgesehen davon, daß die Verhältnisse, die dort mittlerweile geboten werden, ihnen ohnehin kaum zusagen dürften.

Zahlreiche Schleusen verändern die natürliche Fließgeschwindigkeit der Gewässer auf ihrem Weg zum Meer. Betonbetten und Röhren zwängen den Fluß in einen begradigten Lauf. Wehre und Staumauern unterbrechen den Fluß. Einleitungen aus Industrie und Haushalten reichern unheilvoll stinkend das Wasser mit Abwässern und Phosphaten an oder vergiften es mit zerstörerischen Chemikalien. Damit nicht genug, denn zudem laden Scharen von Besuchern tonnenweise ihren privaten Müll an den Ufern ab – eine Zierde der Zivilisation!

Jüngst gewonnene Einsichten fruchten in meist privaten Bemühungen, z.B. vieler Angelsportvereine, einige dieser Fehler zu korrigieren: Bäche erhalten wieder ihren natürlichen, windungsreichen Verlauf, Laichzonen werden künstlich angelegt, Betonbetten entfernt und Wehre mit Fischtreppen passierbar gemacht. Selbst der Staat zeigt sich willig, diese Maßnahmen als kosmetische Bemäntelung einiger der schweren Umweltverbrechen zu stützen, die von korrupten Politikern veranlaßt oder geschützt wurden. Die Äsche als Leitfisch der Region findet sich häufig nicht mehr in ihrer natürlichen Heimat ein. Ihr Bedarf an sauberem Wasser zwingt sie, ihre verschmutzten Heimatgewässer zu verlassen und in höhere Bereiche zu ziehen, wo sie heute oft in friedlichster Nachbarschaft mit der Forelle zu finden ist. Neben der Äsche ist die Nase anzutreffen, dazu der Huchen (im Donaugebiet), der Hasel, das Bachneunauge und die Regenbogenforelle. Als Gäste aus tieferen Regionen der Hecht, der Aland, der Döbel und die Quappe. Die Äschenregion stellt das Ende der Salmonidenzone (Zone der lachsartigen Fische) dar und bildet den Übergang zur Cyprinidenzone (Zone der karpfenartigen Fische).

Merkmale der Äschenregion:
Wechselnde, aber nicht mehr wilde Strömung. Klares Wasser, das den Grund noch sehen läßt. Wassertemperatur zwischen 4 und 18 Grad C. Der Boden überwiegend kiesig bis sandig mit einzelnen größeren Steinen und Sandablagerungen in ruhigen Bereichen. Reiches Pflanzenleben und ein breites Spektrum an Wassertieren.

Die Barbenregion

Mit der Barbenregion beginnt die Cyprinidenzone (Zone der karpfenartigen Fische), die sich bis zum Meer erstreckt. Aus dem Flüßchen ist ein Fluß geworden, der in seinem deutlich begrenzten Bett mit heftig zwischen tiefen und flachen Abschnitten schwankendem Boden mit gleichmäßiger, aber relativ starker Strömung am Rande des Berglandes durch die Täler oder durch die Ebene zieht.
Es bilden sich noch einzelne Wirbel an Hindernissen und Kolke an den Prallhängen der Windungen. Die wilden Kaskaden und Gefällesprünge der Salmonidenzone sind jedoch selten geworden. Das Gefälle ist sanft und gleichmäßig. Der kiesig-sandige Boden ist ständig in Bewegung und an geeigneten Stellen bauen sich Sandbänke auf, die sogar quer zur Fließrichtung liegen können.
Auch die Umgebung zeigt, daß der Fluß das Gebirge hinter sich gelassen hat – die Ufer sind von Wiesen, Weiden und Wäldern gesäumt. In Ufernähe und in Buchten bilden sich durch die Ansiedelung einer reichhaltigen Vegetation breite Schlammzonen. Es finden sich Ansätze zu Röhricht und Simse, gelegentlich Seerosen und andere Schwimmblattpflanzen, während in der Strömung Quellmoos, Wasserpest und Flußlaichkraut wedeln.
Der Sauerstoffgehalt des Wassers ist stark schwankend. Bei kühlen Temperaturen und an Strecken mit starker

Oberflächenbewegung ist er hoch – in Siedlungsgebieten mit entsprechend hohem Schadstoffeintrag bedeutend geringer. Die sommerliche Wassertemperatur steigt bis um 20 Grad C.

Die Barbe als Leitfisch der Region ist aus vielen Gewässerstrecken, in denen sie früher heimisch war, wegen der zunehmenden Verschmutzung und wegen der Verringerung der Strömung durch teilweise zahlreiche Wehrbauten in höhere Regionen abgewandert. Beliebte Standorte der Barbe sind die Krautbetten, aber auch Hindernisse oder Vertiefungen über sandigem oder kiesigem Boden, die ihr Schutz vor der Strömung bieten. Hier duckt sie sich – häufig in größeren Verbänden – dicht an den festen Grund, wo die Strömungskraft gemildert ist. Man wird sie allerdings kaum dort suchen dürfen, wo eine geringe Strömung so schwach ist, daß sich Schlammpolster ablagern können. Außer der Barbe sind hier Rapfen, Döbel, der flinke Hasel und die Nase heimisch. Im Donaugebiet läßt sich dank erfolgreicher Besatzmaßnahmen wieder häufiger der mächtige Huchen antreffen. Das anpassungsfähige Rotauge (Plötze) und der Aland sind recht häufig und Hechte haben sich in Unterständen zwischen Baumwurzeln und in Löchern im Gewässergrund verborgen, von denen aus sie Jagd auf alle Fische machen, die unvorsichtig genug sind, ihnen nahe zu kommen.

Die Quappe, die im Winter zum Laichen in das kalte, klare Wasser der Salmonidenzone zieht, ist heute in den oberen Regionen der Flüsse selten ge-

worden. Dort, wo ihr der Aufstieg nicht verwehrt wird, ist sie gelegentlich noch anzutreffen und in sauberen Abschnitten der Barbenregion wird sie im Winter aktiv – sommerliche Wärme liegt ihr nicht.
Die Friedfische der Region ernähren sich von den Bachflohkrebsen, soweit sie in sauberen Strecken noch vorkommen, von Insektenlarven, aber auch von Würmern, niederen Krebsen und von der sogenannten „Anflugnahrung" – also von Landinsekten, die versehentlich auf oder in das Wasser geraten sind.
Viele Fische halten sich bevorzugt in den Gumpen hinter Wehren auf, da dort durch das wirbelnde Wasser viel Nahrung angespült und aufgewühlt wird.
Besonders fischreich sind die Ausläufe hinter den sogenannten Wehrkesseln der Wehranlagen. Hier stehen die Fische in der Strömung und warten auf Nahrung, die ihnen zugetrieben wird. Sie ziehen aber auch in die Gumpen hinein, um dort das Futter vom Boden aufzusammeln. Wenn es in dem Gewässer Forellen gibt, wird man sie in der Rausche direkt hinter dem abstürzenden Wasser finden.
Wird im sommerlichen Niedrigwasser der Sauerstoff im Flußlauf knapp, werden zusätzlich viele Fische durch den Sauerstoffreichtum des vom Wehr aufgewirbelten Wassers angelockt.

Merkmale der Barbenregion:
Deutlich begrenztes, wechselnd tiefes Flußbett mit flachen Strecken. Gleichmäßiges, gemildertes Gefälle am Rande des Berglandes dahinziehend. Kräftige Strömung bei schwankendem, insgesamt aber relativ hohem Sauerstoffgehalt. Der Boden ist kiesig bis sandig. Durch größere Mengen von Trübstoffen begrenzte Sichtigkeit des Wassers; der Boden ist in vielen Abschnitten nicht mehr zu sehen.

Die Brassenregion

Der inzwischen durch zahlreiche Zuflüsse zu einem Strom angewachsene Fluß hat nun seine größte Ausdehnung – abgesehen von der eventuell sich trichterförmig öffnenden Mündung ins Meer. Der Abstand zwischen beiden Ufern kann mehrere hundert Meter betragen. Langsam und mit durch das Jahr relativ gleichbleibendem Wasserstand (außer nach extremen Wintern oder Regengüssen) zieht er durch das Flachland in Richtung Meer.
Begleitet wird er dabei von etlichen Seitengewässern und Altarmen. Sein Boden ist unter der Hauptströmung sandig, sonst schlammig und zwischen Oberfläche und Tiefenzone kann die Wassertemperatur unterschiedlich sein (an der Oberfläche und im Flachwasser im Sommer bis deutlich über 20 Grad C).

Durch Schlamm, reichliches Plankton und große Mengen eingetragener Schadstoffe ist das Wasser trübe und in Bodennähe nicht sehr sauerstoffhaltig – in den oberen Schichten je nach Oberflächenbewegung des Wassers durch eingespülten Sauerstoff jedoch ausreichend. Aber es ist auch nahrungsreich und bietet einer großen Zahl von Organismen, Pflanzen und Fischen Nahrung und Lebensraum.

Die Ufer werden bei vielen Strömen von Buhnen gesäumt, die weit in das Wasser hineinragen und in deren Strömungsschatten sich ruhige Zonen bilden, in denen sich wie in den Seitenarmen reiche Vegetation ansiedelt aus Gelegepflanzen (Schilf und Rohrkolben), Schwimmblattpflanzen (gelbe und weiße Seerosen) und Unterwasserpflanzen (Laichkräuter und Wasserpest). Gefördert wird das Pflanzenwachstum durch die schnelle Erwärmung des Wassers in den Flachwasserbereichen im Sommer. Schlamm, der sich durch zerfallende Pflanzen bildet, bietet wiederum Lebensraum für zahlreiche Insekten, Zuckmückenlarven und Tubifex (Schlammröhrenwürmer) in riesigen Mengen, die die Hauptnahrung fast aller Friedfischarten bilden.

Das Wasser wimmelt von Wasserasseln und -flöhen, Süßwassermuscheln siedeln sich in großen Scharen auf den Abhängen der Sandbänke an, während sich Schnecken unendlich langsam an zerfallendem Holz emporarbeiten.

Die Altarme mit ihrem meist nahezu stehenden Wasser bieten ähnliche Verhältnisse wie Flachlandseen. Abgesun-

kene Bäume, wuchernde Vegetation im Wasser und an den Ufern verwandeln sie oft in einen immer dichter werdenden Dschungel, der den Fischen der Region gute Lebensbedingungen und vor allem weite Laichzonen bietet.
Besonders große Räuber wie Hecht und Wels finden hier ideale Unterstände, aus denen sie hervorschießen, um sich aus den Schwärmen von Jungfischen ihre Beute herauszugreifen oder unvorsichtige Einzelfische zu packen.
Die Brassenregion ist aufgrund des riesigen Nahrungsangebotes der arten- und fischreichste Abschnitt zwischen Quelle und Meer. Es leben hier neben dem Brassen (Blei) die Güster, Rotfeder, Plötze und deren Hybriden (zufällige Kreuzungen dieser Arten), Schleie und Karausche. Dazu Giebel, Karpfen, Ukelei, Gründling, Kaulbarsch, Aland und Döbel sowie alle Raubfische wie Hecht, Zander und Wels und äußerst zahlreich Barsch und Aal.
Kanäle sind künstliche Schiffahrtsstraßen. Durch ihre langsame Strömung sind sie in Artenbestand und Fischreichtum der Brassenregion vergleichbar und sehr lohnenswerte Angelgewässer, die sich ohne Schwierigkeiten mit der Pose und den Bodenbleimethoden befischen lassen. Die Fische suchen im Bereich der Scharkanten nach Futter. Und in den wärmeren Monaten, wenn nach der Morgendämmerung das Wasser zu leben beginnt, lassen sich an den diversen gehäuften Lebenszeichen besonders fischreiche Strecken erkunden.

Die Wanderfische, die früher in großer Zahl zum Laichen vom Meer in die Oberläufe der Flüsse aufstiegen und dabei auch die Brassenregion durchzogen, müssen heute aus den bereits genannten Gründen als ausgestorben oder abgewandert gelten.
Allerdings scheinen in jüngster Vergangenheit in einigen kleinen Gewässern, die in mühevoller Arbeit, sehr oft unter Mitarbeit von Angelvereinen, renaturiert und mit Meerforellen besetzt wurden, diese schönen Salmoniden wieder heimisch zu werden.

Merkmale der Brassenregion:
Die breiteste Ausdehnung des Gewässers ist erreicht. Langsam fließendes, warmes und trübes Wasser mit geringer Sichtigkeit. Boden in der Strömung sandig, sonst schlammig. In Ruhigzonen üppige Vegetation und ein reiches Vorkommen der Nährtiere (Tubifex, Mückenlarven). Fischwelt sehr artenreich – alle Arten der heimischen Raubfische außer Salmoniden und alle Weißfische außer Barbe.

Die Kaulbarsch-Flunderregion

Das Mündungsgebiet der Flüsse bildet die Kaulbarsch-Flunderregion, die von größter Unbeständigkeit geprägt ist: je nach den Gezeiten Ebbe und Flut hebt oder senkt sich das Wasser, strömt es in

die eine oder andere Richtung und es verändert sich entsprechend der Salzgehalt des Wassers.

Die Region stellt mit ihrem Brackwasser, der Mischung aus Süß- und Salzwasser, den fließenden Übergang dar vom Flachland mit seinen Süßwasserflüssen zum salzigen Meer, von Süßwasserfischen und -pflanzen zu Salzwasserformen. Durch das Absterben des zahlreich vom Fluß herbeigeschwemmten Süßwasserplanktons und kleiner Wassertiere, die nicht an das Salz gewöhnt sind, bildet sich eine starke nährstoffreiche Bodenschicht, von der sich wiederum umherstreifende Salzwasserfische in großer Menge ernähren können.

Wo man ihn läßt, bildet der Strom aus seiner Sand- und Schlammladung, die er vor der Mündung ablagert, ein weitverzweigtes, fächerförmiges Flußdelta mit seinem beeindruckenden Beitrag zur Neulandgewinnung.

Durch die starke Besiedelung der Küstenzone und der technischen Nutzung der größeren Wasserstraßen für die Schiffahrt, haben die großen Flüsse völlig ihr Bild verändert. Natur kommt hier praktisch nicht mehr vor. Das Bild wird bestimmt von Lichtmasten, Leuchttürmen, betonierten, kanalisierten und verspunteten Ufern mit Wassertankstellen, Bollwerken, Pollern, Dalben, Molen, Anlegebrücken und sonstigen Hafenbauten für die Schiffe. Des weiteren Lager, Gleisanschlüsse, Stromversorgungs-Einrichtungen, Tausende von Markierungen, Leitsystemen und Hinweistafeln (wie „Rauchen verboten“) und was der

zivilisierte Mensch sonst noch alles für ein komfortables Leben braucht.
Und wenn sich zwischen all dem irgendwo ein Fleckchen mit einer kleinen, alten Fischersiedlung gehalten hat, wirkt dies eher komisch und etwas weltfremd in einer lückenlos jeden Quadratmeter nutzenden, auf Rationalität ausgerichteten, flächendeckend funktionellen und technisierten Umgebung.
Anders das sehr kleine Gewässerchen, aus dem niemand einen kommerziellen Nutzen ziehen kann und das deshalb unbehelligt und „naturbelassen" vor sich hin dümpeln darf. Hier läßt sich noch der natürliche Charakter der Region ablesen. Die Ufer von Schilfrohr und Binse gesäumt, zwischen deren Halmen überall der blanke, weiße Sand durchlugt – dahinter sattes, flächiges Grün, wie es auf noch jungem, dem Meer abgewonnenem Land entsteht.
Auch hier ist der Sauerstoffgehalt des Wassers niedrig, aber die nahrungsreiche Zone bietet einer artenreichen Tierwelt Nahrung und Raum. Neben den Leitfischen Kaulbarsch und Flunder tümmeln sich Barsche in Scharen, ungezählte Aale, aber auch Hecht, Zander, Blei und Rotauge, Stichling, Stint und Schnäpel. Zeitweilig sogar Hornhecht und Hering, während die Makrelenschwärme vor der Küste auf Beute lauern, die sich ihnen mit den Heringsschwärmen bietet.
Werden Stör und Lachs als regelmäßige Besucher der Region genannt, löst das nur noch eine wehmütige Erinnerung an vergangene Zeiten aus – sehen lassen sich diese seltenen Arten in den heimischen Breiten wohl kaum! Wenn auch in renaturierten Gewässern vermehrt die in deutschen Flüssen glücklicherweise noch regelmäßig anzutreffende Meerforelle einen Laichaufstieg versuchen mag.
Auch in der Küstenregion gibt es zahlreiche Kanäle, die oft im Einflußbereich der wechselnden Tiden (den Gezeiten Ebbe und Flut) liegen. Wie bei den Kanälen im Landesinnern, deren Strömung durch den Schleusenverkehr wechselt, ändert sich durch die Tiden die Laufrichtung und die Stärke der Strömung.
Die stets befestigten Ufer und die bei etwa 4 m liegende Tiefe der durch Scharkanten begrenzten Fahrrinne als typische Merkmale machen alle Kanäle als künstliche Gewässer erkennbar. Als Angelgewässer sind sie sehr beliebt, da sie meist einen sehr guten Fischbestand besitzen – selbst, wenn sie nicht mit Fischen besetzt werden! Beliebte Standorte sind neben den üblichen Zonen kleine Hafenanlagen oder einzelne vertäute Schiffe, wo die Fische direkt unter den Booten stehen.

Merkmale der Kaulbarsch-Flunderregion:
Übergangszone zwischen Süß- und Salzwasser – geprägt von dem Einfluß der Gezeiten und dem Blick über weites, offenes Land, soweit nicht durch Menschenhand verbaut. Das Wasser ist trübe, im Sommer warm und sauerstoffarm, aber durch riesige Mengen Plankton, Garnelen und Würmer äußerst reich an Nährstoffen.

Künstliche Fließgewässer

Kanäle: Diese für die Berufsschiffahrt gebauten Wasserstraßen lassen sich an der Geradlinigkeit erkennen, mit der sie ohne Berücksichtigung der umgebenden Natur in die Landschaft gefräst wurden. Die Ufer sind optisch reizvoll durch massive Steinpackungen befestigt. Wasserpflanzen kommen nur äußerst selten vor – am ehesten noch in heute ungenutzten Ausbuchtungen – z.B. früheren Ankerplätzen, wo die Berufsschiffer übernachten konnten. In ihrem Charakter ähneln sie den Gewässern der Brassenregion: Das Wasser treibt bei geringer Strömung gemächlich dahin – häufig unterbrochen von Schleusen, die zur Regulierung der Fließgeschwindigkeit dienen. Ihr Boden weist ein markantes Stufenprofil auf: Die etwa 4 m tiefe Fahrrinne wird beidseitig von einer sogenannten Scharkante begrenzt – in allen Kanälen ein Bereich, wo Fische täglich nach Futter suchen. Besonders natürlich in den kühlen Monaten, wenn sich die Fische aus dem Flachwasser zurückziehen. Eine weitere Scharkante liegt etwa je 8 m vor beiden Ufern – auch dies bevorzugte Zonen, die der Aufmerksamkeit der Fische nur selten entgehen und wo der Angler in den wärmeren Monaten erfolgreich sein wird!

Auch in biologischer Hinsicht ähneln die Kanäle der Brassenregion. Insekten

wie Tubifex und Mückenlarven leben in Massen im Bodenschlamm und dienen den Fischen, wie wir sie in der Brassenregion finden, als Nahrung: Rotfeder und Plötze, Brassen und Schleie, Karpfen, Döbel, Aland, Karausche und alle heimischen Raubfische.

Gräben: Diese unscheinbaren, schmalen Schneisen durchziehen in ungezählter Vielfalt die Agrarlandschaften aller Regionen zur Entwässerung des wertvollen Kulturlandes, das unserer Ernährung dient. Mit ihrer Breite zwischen 1 und 5 m bergen diese meist unterschätzten Gewässerchen häufig einen interessanten Fischbestand, der von Forellen über Schleien und Döbel bis zu armdicken Aalen und selbst gewaltigen Hechten reichen kann!

Und das Beste an ihnen ist, daß meist niemand irgendwelche Besitzansprüche stellt und sie daher jedem Angler ohne Angelkarte zur Verfügung stehen! Fischereiausweis und Sportfischerzeugnis sind selbstverständlich wie überall die Voraussetzung.

Die Seen

Stehende Gewässer ohne Strömung werden Stillwasser genannt. Zu ihnen gehören kleine, verträumte Weiher und Teiche, die meist für den Besatz mit Fischen angelegt wurden, Stauseen, die durch Stau eines Flusses mit einer Talsperre entstanden sind, Baggerseen und Kiesgruben, die durch Bodenaushub gebildet wurden und die natürlichen Seen.

Die natürlichen Seen lassen sich unterscheiden in die Gruppen:

1. Hochgebirgsseen
2. Vorgebirgsseen
3. Tiefe Flachlandseen
4. Flache Flachlandseen

Zu diesen auf natürliche Weise entstandenen Gewässern gehören die kleinsten Seen, die versteckt im Wald von einem Bächlein oder einer unterirdischen Quelle gespeist werden, bis hin zu den riesigen Binnenmeeren Müritz oder Bodensee, denen große Flüsse zufließen. Die Seen werden zwar nicht den fünf Flußregionen zugeordnet. Je nach ihrer geographischen Lage oder Umgebung bilden sie aber vergleichbare Ökosysteme aus, wenn ähnliche Bedingungen in Bodenstruktur, Temperatur, Nahrungskette, Sauerstoffgehalt und Laichzonen bestehen.

Stehende Gewässer, ob auf natürliche Weise entstanden oder vom Menschen geschaffen, sind in den Lebensbedingungen, die sie den Fischen bieten, abhängig von den Jahreszeiten. Wärme und Sauerstoffgehalt der Wasserschichten verändern sich durch den Einfluß von Sonne und Wind. Warmes Wasser ist leichter als kaltes und liegt als Warmwasserschicht, die sich ab Frühjahr mit steigender Temperatur bildet, über den kühleren Tiefenschichten. Bei 4 Grad C ist das Wasser am schwersten. Wenn im Frühling das gesamte Wasser eine einheitliche Temperatur von 4 Grad C erreicht, kann der Wind die gesamte Wassermenge aufwühlen und zur Frühjahrs-Vollzirkulation bringen, bei der alle Wasserschichten bis zum Grund gründlich vermischt werden und Sauerstoff in die tiefen Schichten gelangt. Im Sommer erwärmt sich das Oberflächenwasser stark, während die Tiefenschicht kalt bleibt und der Sauerstoffgehalt durch die Tätigkeit der Bakterien, die abgestorbene Organismen und Pflanzenreste zersetzen und dabei Sauerstoff verzehren, immer geringer wird. Die lauen Sommerwinde erreichen nur eine Teilzirkulation der oberen Wasserschichten. Durch die Herbststürme, die das Wasser abkühlen, vollzieht sich wiederum bei 4 Grad C die Herbst-Vollzirkulation, bei der sich das nährstoffreiche, kalte und sauerstoffarme Tiefenwasser mit dem sauerstoffreichen, warmen Oberflächenwasser vermischt. Im Winter kühlt es sich oben ab bis auf 0 Grad C. Es bildet sich eine Eisschicht, während das Tiefenwasser seine Temperatur von + 4 Grad C. hält. Das Eis verhindert die Einwirkung von Wind und somit jede

Zirkulation, wodurch es zur Winterstagnation kommt, die erst der Frühling mit seiner warmen Mittagssonne, die das Eis bald taut, durchbricht.

Hochgebirgsseen

Auf den Höhenzügen der Gebirge und in den Tälern liegen Seen, die aus Gletscher- und Schmelzwasser sowie eiskalten Gebirgsbächen gespeist werden und deren Tiefe und Größe dem Zufall entsprungen ist, wie sich die Berge bei ihrer Entstehung gefaltet und dabei Löcher und Rinnen gebildet haben.
Die Wassertemperatur ist von der Höhenlage abhängig und von der Dauer der jährlichen Wärmeeinstrahlung. Je niedriger die Temperatur, desto geringer die Zahl der Kleinlebewesen und folglich der Nahrung, die sich Fischen zum Überleben bietet. Ihr Wasser ist kalt, sauerstoffreich und arm an Trübstoffen. Dazu kommen meist steil abfallende, felsige Ufer, die eine Ansiedelung von Pflanzen kaum erlauben – der Nährstoffgehalt ist sehr niedrig. Die Vegetationsperiode – die warme Jahreszeit, in der sich das Leben entwickelt – ist zu kurz, um einen jährlichen Nahrungskreislauf in Gang zu setzen. Pflanzen können sich in der kurzen warmen Zeit nicht ansiedeln. Ohne Pflanzen kein Schlamm, der Boden wird von nacktem Fels gebildet. So weisen viele Hochgebirgsseen in kalten Höhenlagen keinerlei höheres Leben auf.
Nur in Seen, die durch Flachwasserzonen kleine warme Nischen besitzen, in denen sich spärliche Vegetation und das entsprechende Aufkommen an Kleinorganismen auf einer dünnen

fruchtbaren Nährschicht ansiedelt, finden sich einige Forellen, Elritzen und Mühlkoppen. Große Seen mit flachen Buchten, in denen sich Boden ablagern und ein schmaler Pflanzengürtel bilden kann, bieten Seesaibling und Renke einen Lebensraum sowie der Kleinen Maräne, die sich von tierischem Plankton ernährt.

Vorgebirgsseen

Für das Alpenvorland typisch sind tiefe, immer noch recht kalte und nährstoffarme Seen mit sandigem Boden und klarem Wasser mit guter Sichtigkeit und hohem Sauerstoffgehalt, deren Ufer meist steil abfallen, die aber vereinzelt auch Buchten mit einer entsprechenden Lebensgemeinschaft aus Pflanzen und Tieren besitzen.

Etwas längere jährliche Wärmeperioden und von zufließenden Bächen eingetragenes Erdreich, das weiche Polster bilden kann und auf denen sich Kleintiere wie Planktonkrebschen sowie Insektenlarven entwickeln, sorgen für einen ausreichenden Bestand an Nahrung, der vielen Fischen das Überleben sichert. Allen voran die Seeforelle als „Markenzeichen" der Region und vereinzelt eingewanderte Regenbogenforellen, die sich hier beide zu erstaunlichster Größe entwickeln können, da sie im Stillwasser nicht energiezehrend gegen wilde Strömung anzukämpfen haben.

In der Tiefenzone dieser Seen fühlt sich der Seesaibling mit seiner Vorliebe für äußerst kaltes Wasser ausgesprochen wohl: der seltene Wildfangsaibling, der Grundseesaibling und magere Küm-

merformen wie der Schwarzreuter und der Tiefseesaibling mit seinen großen Augen – alles verschiedene Ökoformen des Seesaiblings. Die artenreiche Familie der Coregonen ist mit verschiedenen Renken (Maränen) vertreten wie dem Sandfelchen oder dem berühmten Blaufelchen des Bodensees.

Flache Uferzonen können ohne weiteres von Hecht, Barsch, Zander und verschiedenen Weißfischarten wie Plötze oder Rotfeder bewohnt werden, wenn sie dort über das Jahr günstige Temperaturen und ausreichend Nahrung finden.

Tiefe Flachlandseen

Im Flachland haben sich während der Eiszeit durch Gletschertätigkeit Seen mit einer Tiefe bis über 20 m und kühlem Wasser gebildet. Die lange Wärmeeinstrahlung während des Sommers und der fruchtbare Boden ermöglichen einen großen Pflanzenreichtum, der wiederum eine breite Vielfalt unterschiedlicher Nährtiere in riesigen Mengen anzieht.

Die breiten Uferzonen sind von der sogenannten Gelege- oder Röhrichtzone aus Schilf, Rohrkolben und Binse, Igelkolben und Kalmus gesäumt. Davor die Zone der Schwimmblattpflanzen: Gelbe und Weiße Seerose, Wasserknöterich, Wasserlinse und Wasserhahnenfuß. Unter Wasser davor die Krautzone aus verschiedenen Laichkräutern (Potamogeton), Tausendblatt, Wasserpest (Elodea), Hornkraut und dem Wasserstern. Mit den unterseeischen Wiesen als letzter Pflanzenzone geht der Boden

in den tiefen Bereichen, wo durch die jährliche Zirkulation die abgestorbenen Pflanzen und Überreste der Wassertiere zusammengespült werden, in die Faulschlammzone über.

Der Gehalt an Nährstoffen aus Plankton, Pflanzen und kleinen Wassertieren im relativ trüben Wasser ist hoch. Die breiten Pflanzengürtel bieten der jährlichen Fischbrut in Millionenhöhe paradiesische Zustände: Schutz vor den zahlreichen Räubern und Nahrung im Überfluß. Die Tiefenzone bewahrt genügend Sauerstoff, um den Winter zu überstehen. So können sich hier viele Fischarten zu großen Beständen und etliche von ihnen bis zu kapitaler Größe entwickeln: Hecht, Aal, Barsch und Wels sowie Karpfen und Schleie, Brassen, Rotfeder und Plötze.

Flache Flachlandseen

Flache Flachlandseen mit einer Tiefe bis 20 m zeigen reiche und vielfältige Vegetation in ihren breiten Uferzonen. Riesige Mengen Plankton entwickeln sich in dem trüben, sehr nährstoffreichen Wasser, das einer reichen Artenvielfalt an Fischen Lebensraum bietet, die vergleichbar ist mit der Artenzusammensetzung in der Brassenregion der Flüsse. Sauerstoffmangel kann bei übergroßer Algenblüte im Sommer zu bedrohlichen Verhältnissen für die Fische führen.

Das flachere Wasser erwärmt sich im Frühjahr schnell und hält seine Wärme bis in den Spätsommer oder Herbst hinein. Die lange Vegetationsperiode bietet den vielen Fischen einen großen Überschuß an Nahrung und sie wach-

sen zu beachtlichen Größen heran. Welse und Hechte werden hier meterlang und schwer, Karpfen können Rekordgewichte erreichen.
Alle Bereiche des Wassers werden genutzt: Der Schilfgürtel bietet der zahlreichen Fischbrut und den Hechten Deckung. Die Krautregion wimmelt von jungen Brassen und Güstern, Plötzen, Rotfedern und Schleien, Karauschen und kleinen Karpfen. Junge Aale verbergen sich in Scharen dicht am Ufer zwischen den Pflanzenstengeln und schnappen nach der bunten Beute.
Im Freiwasser ziehen silberblitzend Ukeleischwärme, dem Rapfen seinen täglichen Tribut gewährend. An den Hängen der „Barschberge" lauern halbstarke Barsche, während der Zander im Freiwasser jagt und der Wels in Löchern im Bodenschlamm oder zwischen den Ästen eines abgebrochenen Baumes gemächlich seine Beute verdaut.

Künstliche Seen

Die vom Menschen geschaffenen Seen entsprechen in ihrer Artenzusammensetzung je nach geographischer Lage und Tiefe den natürlichen Gewässern.
Stauseen: Liegen meist in hügeligem bis bergigem Gelände. In Tälern wird ein Fluß mit guter Wasserqualität aufgestaut, um Trinkwasser zu speichern oder um Strom zu erzeugen. Sie werden häufig mit Fischen besetzt – bei kühlem, klarem Wasser mit Forellen und Saiblingen und den wirtschaftlich wichtigen Maränen (Renken, Felchen). Häufig sind diese Seen reich an natürlicher Nahrung

und bringen kapitale Fische hervor. Neben den Salmoniden finden sich auch Hecht und Zander und verschiedene Weißfischarten wie unter anderem aus der Leuciscus-Familie. Es scheint bei den Fischen in Stauseen eine Tendenz zum Nomadentum fern der Ufer zu geben – sonst eher stationär lebende Arten scheinen auf ihre festen Standplätze zu verzichten, um ein ungebundenes Vagabundendasein zu führen.

Baggerseen und Kiesgruben: Im Flachland sehr häufig zu finden. Diese Seen bieten bei langer Wärmeperiode ebenfalls ein großes Nahrungsangebot und es entwickeln sich viele Fische zu kapitaler Größe. Daher sind sie bei Anglern sehr beliebt. Je nach Alter der Grube kann der Boden noch sandig/kiesig oder mit einer dicken Schlammschicht bedeckt sein. Alte Gruben neigen im Sommer durch ihre starke Faulschlammschicht in den tieferen Zonen und durch übermäßige Algenblüte zu Sauerstoffmangel.

Teiche und Weiher: Kleine, flache Seen in der Nähe von oder in Siedlungsgebieten. Oft verkrautet, bieten sie genügsamen Arten wie Karausche oder Schleie Raum.

Teil 2: Die Angelfische

Die Angelfische

In unseren Gewässern hat es der Angler, neben den Raubfischen, hauptsächlich mit zwei großen Fischfamilien zu tun: den Salmoniden und den Cypriniden. Viele Arten ähneln sich durch nahe Familienverwandtschaft so stark, daß die Wissenschaft sich für die exakte Bestimmung auf biologische Merkmale stützen muß, die sich oft nur an dem toten Tier im Labor analysieren lassen. Und viele Arten neigen dazu, als Anpassung an ein bestimmtes Gewässer lokale Sonderformen zu entwickeln, bei denen die Wissenschaft bis heute unentschieden ist, ob es sich dabei um eine Form, eine Variation oder eine eigene Art handelt.

Zur Unterscheidung dienen: 1. Stand oder Ansatz der Rückenflosse, die vor, direkt über oder hinter der Bauchflosse angesetzt sein kann, 2. die Länge der Maulspalte, die bis vor, unter oder hinter die Augen reichen kann, 3. Form und Länge der Rückenflosse, 4. Einbuchtung der Schwanzflosse, 5. Form der Afterflosse und ihr konvexer, konkaver oder gerader Schnitt, 6. Vorhandensein von Bartfäden und deren Anzahl und Anordnung, 7. Verhältnis von Körperumfang zu Körperlänge, 8. Körperform flach und hochrückig, drehrund oder torpedoförmig.

Diese Merkmale bieten zwar keine absolute Sicherheit, aber sie helfen schon sehr weit – zumindest bis in Regionen hinein, wo selbst Wissenschaftler in Streit geraten. Die Farbe bietet keine zuverlässige Orientierung, da viele Arten sie zur Überlebenshilfe als Mittel der Tarnung oder des Schutzes und damit zur individuellen Anpassung an den Lebensraum einsetzen. Auch die Körperform und das Verhalten der Arten in den Gewässern können sehr unterschiedlich sein. Deshalb ist es wichtig, besonders gründlich auf die genannten Unterscheidungsmerkmale zu achten, da nur diese „invariablen", also unveränderlichen Merkmale helfen, den Fisch zu identifizieren.

Die folgenden Fischabbildungen sollen lediglich dem Angler helfen, die Fische am Wasser zu identifizieren – die besonderen Merkmale jeder Art wurden aufgeführt. Für weiterreichende Informationen auch über die hier fehlenden Fische ist dringend eines der ausführlichen Bücher über die heimischen Süßwasserfische zu empfehlen!

Die Angelfische werden nacheinander in drei Gruppen beschrieben:

1. **Die Salmoniden** (Lachsartige).
Ihr gemeinsames Merkmal ist die ohne Flossenstrahlen vor der Schwanzwurzel sitzende Fettflosse, an der man alle Lachsartigen erkennt.

2. **Die Raubfische** mit ihrer Zugehörigkeit zu unterschiedlichen Familien. Ihr gemeinsames Merkmal ist das Raubfischgebiß mit in Reihen angeordneten, spitzen Zähnen.

3. **Die Cypriniden** (Karpfenartige).
Ihr gemeinsames Merkmal sind die tief im Rachen sitzenden Schlundzähne.

Name: Atlantischer Lachs
Weitere Namen: Salm

Wissensch. Name: *Salmo salar*
Familie: Salmoniden

Unterscheidungsmerkmale: Fettflosse nicht umrandet, sondern einfarbig rötlich-grau. Körper torpedoförmig und fast drehrund. Schlanker als Meerforelle. Schwanzstiel schlank. Schwanzflosse leicht eingebuchtet. Bei älteren Männchen der deutlich ausgeprägte, berühmte „Lachshaken" am Unterkiefer.
Größe, Gewicht: bis 1,50 m und 35 kg. Deutscher Rekord: 25 Pfd.
Lebensraum: Atlantik und Ostsee. In deutschen Flüssen galt er bisher als ausgestorben. Durch Verbesserung der Lebensverhältnisse und hartnäckige Besatzversuche in einigen Gewässern in jüngster Zeit gelegentlich wieder anzutreffen.
Noch gute Bestände: Skandinavien und Baltikum, Großbritannien, Frankreich und Iberische Halbinsel. Durchzieht die Flüsse bis zu den Oberläufen, ohne feste Standorte einzunehmen. Verweilt aber gelegentlich für einige Tage in Vertiefungen, den sog. „Pools", um dann weiterzuziehen.
Lebensweise: Anadromer Wanderfisch – lebt als Schwarmfisch im Meer und zieht zum Laichen in den Oberlauf seines Geburtsflusses, wobei er mit seinen Sprüngen auch Hindernisse wie Wasserfälle überwindet. Beim Aufstieg nimmt der Lachs keine Nahrung mehr auf, kann aber durch seinen Beißreflex noch mit Hakenködern (wie großen Reizfliegen) gefangen werden. Der Jungfisch ernährt sich, solange er im Süßwasser lebt, von Kleinkrebsen, Larven und Insekten, im Meer dann ausschließlich als Raubfisch von kleinen Schwarmfischen wie Heringen.
Saison: Ab Beginn der Laichwanderung im Frühjahr, danach stetig abnehmend noch bis zum Herbst.
Fang: Mit schweren Lachsruten und Lachsfliegen (Reizfliegen), Spinnern, Blinkern oder Wobblern.

Name: Meerforelle
Weitere Namen: Silberlachs
Wissensch. Name: *Salmo trutta forma trutta*
Familie: Salmoniden

Unterscheidungsmerkmale: Fettflosse meist rot umrandet. Etwas gedrungener als der Lachs mit kürzerem, kräftigerem Schwanzstiel und größerem Kopf. Schwanzflosse gerade geschnitten. Maulöffnung bis hinter die Augen. Bildung eines Unterkieferhakens bei älteren Männchen.
Größe, Gewicht: bis 1,10 m und 20 kg. Deutscher Rekord: 24 Pfd. 150 g.
Lebensraum: Ostsee und Atlantik von Skandinavien bis zur iberischen Halbinsel. In deutschen Flüssen vielfach ausgestorben, abgesehen von geglückten Besatzversuchen in einigen renaturierten Flüssen. In Skandinavien und Dänemark, Großbritannien, Frankreich und Portugal noch gutes Vorkommen. In der Ostsee vor der dänischen Küste teils sogar sehr gute Bestände.
Zieht wie der Lachs zum Laichen die Flüsse hinauf, ohne dabei feste Standplätze einzunehmen. In Deutschland trotz der beschriebenen Gewässerverhältnisse noch in etlichen Gewässern anzutreffen.
Lebensweise: Anadromer Wanderfisch, der zum Laichen hoch in die Oberläufe der Gewässer aufsteigt. Unternimmt mehrere Laichzüge in seinem Leben. Lebt sonst überwiegend in Küstennähe. Ernährt sich zunächst von Larven und Insekten, später dann als sehr gefräßiger Raubfisch wie der Lachs von Heringen, Stichlingen und Garnelen, deren Schwärmen er bis in unmittelbare Küstennähe und sogar bis in Flußmündungen hinein folgt, um sich die tägliche Beute zu sichern.
Saison: In den Flüssen während des Laichaufstiegs von Juni bis Spätsommer. Dort, wo sich die Schwärme der Beutefische im Flachwasser der unmittelbaren Küstennähe aufhalten, auch außerhalb der Saison.
Fang: Schwere Fliegenrute mit Fliege und Streamer, aber auch mit Spinnködern.

Name: Bachforelle

Wissensch. Name: *Salmo trutta forma fario*
Familie: Salmoniden

Unterscheidungsmerkmale: An den Seiten schwarz gepunktet. Entlang der Seitenlinie rote Punkte mit heller Umrandung – daher auch „Rotgetupfte" genannt. Keine Flecken auf Fett- und Schwanzflosse. Fettflosse oft mit roter Spitze. Schwanzflosse stärker eingeschnitten. Afterflosse gerade. Spindelförmige Körperform.
Größe, Gewicht: Je nach Gewässer und Nahrungsangebot. In nahrungsarmen Gebirgsbächen als „Steinforelle" oft nur 20 cm, in der Regel bis 60 cm und 5 Pfd. Bei gutem Nahrungsangebot sehr große Stücke möglich. Deutscher Rekord: 31 Pfd. 400 g.
Lebensraum: Stationäre, also nichtwandernde Art, die ihr ganzes Leben im Süßwasser verbringt. Lebt in kalten, sauerstoffreichen Bächen mit guten Verstecken – sowohl im Gebirge als auch im Flachland. Verbreitung vom Alpenraum bis an die norddeutsche Küste. Wegen ihrer Ansprüche an die hohe Wassergüte heute aus vielen Gewässern vertrieben. In ihren verbliebenen Lebensräumen ständig durch Wasserverschmutzung und -verbauung bedroht und daher äußerst schutzbedürftig.
Lebensweise: Einzelgängerisch lebender Standfisch mit eigenem Revier, das hartnäckig verteidigt wird. Schwimmt selten frei in offenem Wasser. Tarnungsbedürftig verbirgt sie sich in ihrem Versteck, das sie sich im Strömungsschatten sucht. Standorte sind Unterspülungen des Ufers, tiefe Gumpen oder Quellmoospolster, unter freigespülten Wurzeln, in ausgewaschenen Vertiefungen, hinter Felsen oder Pfählen. Ernährt sich von Insekten und Larven je nach Saisonangebot. Größere Stücke werden zu Räubern, die nur noch Jagd auf kleinere Fische machen.
Saison: Frühjahr in den warmen Mittagsstunden und Sommer beim „Abendsprung".
Fang: Mit Trocken- und Naßfliegen oder Nymphen, große Exemplare mit Streamer.

Name: Seeforelle

Wissensch. Name: *Salmo trutta forma lacustris*
Familie: Salmoniden

Unterscheidungsmerkmale: Sternförmige, schwarze Flecken auf Rücken und Seiten sowie auf Rücken-, Fett- und Schwanzflosse. Afterflosse konkav geschnitten. Das große Maul bis hinter die Augen gespalten. In der Laichzeit bekommen die Männchen auf den Seiten rote Flecken. Unterkieferhaken bei älteren Männchen.
Größe, Gewicht: In Seen mit gutem Nahrungsaufkommen bis 1,50 m und 30 kg. Deutscher Rekord: 36 Pfd. 400 g.
Lebensraum: Lebt in den kalten, tiefen Vorgebirgsseen in ganz Europa und hat eine Vorliebe für große Gewässer. Als kleinere „Schwebforelle" in den oberen Schichten des Freiwassers. Ältere, große Fische bodennah als „Grundforelle".
Lebensweise: Lebt als Standfisch in den tiefsten Bereichen der Seen und wandert nur zum Laichen in die Zuflüsse. Große, ältere Grundforellen werden zu äußerst gefräßigen Räubern, die anderen Arten erheblichen Schaden zufügen können. Morgens und Abends fahren sie zwischen die Kleinfischschwärme, um sich ihre Beute zu greifen. Im Frühjahr bis Frühsommer kommen auch die großen Stücke aus der Tiefe herauf zur Oberfläche, um Anflugnahrung zu sammeln, wo sie dann für den Fliegenfischer mit Trocken- und Naßfliege erreichbar sind.
Saison: Frühjahr und Spätsommer bis Herbst. Generell bei den Salmoniden wie bei vielen anderen Arten günstig die Morgen- und Abendstunden, warmes Regenwetter und bedeckter Himmel (Tarnungsbedürfnis fast aller Fische). Ungünstig ist immer wie bei den meisten Fischen große Hitze bei klarblauem Himmel und niedriger Wasserstand, bei dem sich die Fische unsicher fühlen.
Fang: Fliegenrute, Schlepp- und Spinnfischen.

Name: Regenbogenforelle

Wissensch. Name: *Oncorhynchus mykiss*
Familie: Salmoniden

Unterscheidungsmerkmale: Rosa Farbband entlang der Seitenlinie bis zur Schwanzwurzel (der „Regenbogen"). Zahlreiche dunkle Tupfer auf dem Körper von den Kiemendeckeln bis zur Schwanzspitze einschließlich Rücken- und Fettflosse. Afterflosse konkav mit abgerundeter unterer Spitze. Schwanzflosse leicht eingebuchtet. Maulöffnung bis zum hinteren Augenrand.
Größe, Gewicht: bis über 70 cm und 7 kg. Deutscher Rekord: 18 Pfd.
Lebensraum: Ursprünglich Nordamerika. Als Besatzfisch in vielen Teichwirtschaften und Flüssen. In der Gewässerverträglichkeit toleranter als die Bachforellen: die Regenbogenforelle verträgt höhere Wassertemperatur und niedrigeren Sauerstoffgehalt und dringt daher auch bis in die unteren Bereiche der Äschenregion vor. Bevorzugt die Jagd im offenen Freiwasser. Daher ist sie auf Unterstände nicht angewiesen. Wandert in Seen ein, die von ihrem Heimatfluß durchflossen werden.
Lebensweise: Sie bevorzugt größere Gewässer, in denen sie mitten in der Strömung steht und auf Beute lauert: am Grund tiefer Rinnen, in Kolken, in der Rausche unterhalb von Wehren, im Stauwasser von Kraftwerken oder an der Mündung von Bächen. Nicht so wählerisch wie die Bachforelle, frißt sie alles, was ihr an Nahrung geboten wird und nimmt selbst im Alter noch Anflugnahrung. Sie ist schnellwüchsig und erreicht schon nach wenigen Jahren kapitales Gewicht. Da sie andere Reviere des Gewässers nutzt, verträgt sie sich mit der Bachforelle im allgemeinen gut, ohne daß sich beide gegenseitig verdrängen.
Saison: Ende April bis Herbst zu allen Tageszeiten.
Fang: Fliegenrute mit Trocken- und Naßfliegen, Nymphen und Streamern.

Name: Huchen
Weitere Namen: Donaulachs
Wissensch. Name: Hucho hucho
Familie: Salmoniden

Unterscheidungsmerkmale: Langgestreckter, drehrunder Körper und relativ kleine Flossen. Grünlicher bis bräunlicher Rücken. Sehr tiefe Maulspalte bis hinter die Augen mit äußerst kräftigen Kiefern. Laichreife Männchen entwickeln Unterkieferhaken. Maul leicht oberständig. Schwanzflosse leicht gekerbt.
Größe, Gewicht: bis 1,60 m und 50 kg. Deutscher Rekord: 51 Pfd.
Lebensraum: Das Donaugebiet ist die Heimat des größten und kampffreudigsten aller Süßwassersalmoniden. Lebt im schnellen, kalten Wildwasser über steinigem bis kiesigem Grund. Liebt mit seinem wilden Temperament eine rauhe, urwüchsige Umgebung, in der er sich in der Tiefe Unterstände sucht hinter Stromschnellen oder Wehren, in Uferhöhlen oder unter Brücken, unter freigeschwemmten Wurzeln oder in tiefen Gumpen. Leidet sehr unter den Eingriffen in die natürliche Gewässerstruktur (Verhinderung der Laichwanderung durch Verbauungen) und Verschmutzung seiner Heimatgewässer und daraus resultierendem Rückgang der Bestände seiner Beutefische. Sein Bestand ist nur mit intensiven Besatzmaßnahmen zu sichern.
Lebensweise: Lebt als einzelgängerischer Standfisch in seinem Revier von der Jagd auf alles, was Schuppen trägt und diesem schnellen und gewandten Schwimmer nicht entkommen kann oder versehentlich in das Wasser gerät – Frösche und Wasserratten, selbst Enten sind vor ihm nicht sicher. Soll Nasen und Barben bevorzugen – vielleicht, weil andere Salmoniden wie Forellen und Saiblinge selbst schnelle und kräftige Schwimmer sind und sich von ihm nicht so leicht greifen lassen.
Saison: Die kalten Monate: Herbst bis Februar.
Fang: Mit den kräftigsten Spinnruten und Kunstködern wie dem Huchenzopf oder großen Gummifischen.

Name: Bachsaibling

Wissensch. Name: Salvelinus fontinalis
Familie: Salmoniden

Unterscheidungsmerkmale: Noch farbenprächtiger als die schön gezeichneten Forellen: Rücken bräunlich und oliv marmoriert, Flanken oben violett und unten rot, Bauch weiß. Brust-, Bauch- und Afterflosse rötlich-orange mit weißem Vorderrand und schwarzer Trennlinie zwischen roter und weißer Färbung. Rückenflosse mit schwarzen Punktbändern. Sehr weite Maulspalte bis weit hinter die Augen reichend. Sehr kleine Schuppen.
Größe, Gewicht: bis 50 cm (selten) und 2 kg. Deutscher Rekord: 3 Pfd. 350 g.
Lebensraum: Im letzten Jahrhundert aus Nordamerika eingeführter Fisch der Quellgebiete. Bevorzugt noch kälteres Wasser mit stärkerer Strömung als die Bachforelle und steigt daher noch höher in Richtung Quelle. Zieht das Freiwasser vor und ist ähnlich der Regenbogenforelle nicht auf Unterstände und Verstecke angewiesen. Der Bachsaibling ist widerstandsfähiger und anspruchsloser als die Forelle und scheint auch noch leicht saures Wasser und die gewässerbaulichen Eingriffe des Menschen schadlos zu überstehen. So läßt er sich selbst in Gewässern finden, die von anderen Salmoniden bereits aufgegeben wurden.
Lebensweise: Er hält sich im Freiwasser auch begradigter Bachläufe auf, für deren Besatz er sich wegen seiner Genügsamkeit ausgesprochen gut eignet, solange der Sauerstoffgehalt reicht. Ernährt sich wie die Forelle von Fluginsekten und ihren Larven, von Würmern und allen Kleinlebewesen. Ausgewachsen vergreift er sich auch an Jung- und Kleinfischen, soweit sie ihm erreichbar sind.
Saison: Frühjahr.
Fang: Mit der Fliegenrute und Nymphe, Trockenfliege und Streamer.

Name: Seesaibling
Weitere Namen: Normalsaibling, Grundsaibling

Wissensch. Name: *Salvelinus alpinus*
Familie: Salmoniden

Unterscheidungsmerkmale: Körper gestreckt-torpedoförmig. Im Gegensatz zum Bachsaibling eine nicht so weite Maulspalte und keine weiße Bauchzeichnung. Statt Marmorierung gelbe Punkte auf dem Rücken und Rückenflosse einfarbig ohne schwarze Punkte. Vordere Flossensäume an Brust-, Bauch- und Afterflossen weiß ohne schwarzen Trennstrich. Schwanzflosse mit rotem Rand. Sehr kleine Schuppen.
Größe, Gewicht: Meist bis 60 cm und 3 kg. In Ausnahmen bis 80 cm und 8 kg.
Lebensraum: Als stationäre Form des Wandersaiblings lebt er in der Freiwasserzone tiefer, kalter Seen der Alpen und des Voralpenlandes bis zur oberen Donau. Mit seinem sehr großen Verbreitungsgebiet kommen er und seine zahlreichen engen Verwandten in entsprechenden Gewässern in Skandinavien, Rußland, Großbritannien, Kanada und Grönland vor.
Lebensweise: Während die Stammform des Seesaiblings als anadromer Wanderfisch an den Küsten bis hinauf zur Arktis entlangzieht und zum Laichen in die Oberläufe der Flüsse aufsteigt, leben die anderen Seesaiblingsformen ständig im Süßwasser.
Die vielen unterschiedlichen Formen des Saiblings unterscheiden sich in ihrer Ernährungsweise, der Art ihrer Laichplätze und in den Laichzeiten. So ernährt sich der Grundsaibling von Insektenlarven, Krebschen und kleineren Bodentieren, während der schnellwüchsige Wildfangsaibling als Raubfisch von Elritzen, Lauben und Renken lebt.
Saison: Frühjahr. Im Sommer bei schwülem Wetter auch an der Oberfläche.
Fang: Fliegenrute und Hegene.

Name: Große Maräne
Weitere Namen: Blaufelchen, Ostseeschnäpel, Madümaräne
Wissensch. Name: *Coregonus lavaretus*
Familie: Coregonen (Maränen)

Name: Kleine Maräne
Weitere Namen: Sandfelchen
Wissensch. Name: *Coregonus albula*
Familie: Coregonen (Maränen)

Unterscheidungsmerkmale: Die Arten der großen Familie der Maränen (Renken, Felchen und Schnäpel) ähneln sich sehr und sind schwer zu unterscheiden: silberglänzend und torpedoförmig mit seitlich abgeflachtem Körper und größeren Schuppen als die Salmoniden. Ostseeschnäpel zu erkennen an der spitzen „Schnäpelnase“. Alle Arten mit enger Maulspalte bis unter den vorderen Augenrand und tief gegabelter Schwanzflosse. Die Blaufelchen mit sehr locker sitzenden Schuppen.
Größe, Gewicht: bis 80 cm und über 5 kg. Deutscher Rekord: 12 Pfd. 250 g.
Lebensraum: Mit all den engen und schwer zu unterscheidenden Verwandten weit verbreitet in tiefen, klaren Gewässern Nordeuropas wie Alpen- und Voralpenseen. Wanderformen an den Küsten wie Nord- und Ostsee. Im Bodensee hat der Blaufelchen große wirtschaftliche Bedeutung – für die Fischer dort ist er wegen des guten Geschmacks und seiner entsprechenden Beliebtheit der „Brotfisch“.
Lebensweise: Renken leben als Schwarmfische im Freiwasser. Die Schwebrenken ernähren sich von tierischem Plankton, im Alter auch von kleinen Bodentieren. Die Bodenrenken ernähren sich von Bodentieren, nach denen sie weite Gebiete absuchen. Sie nehmen Larven, Krebschen, Würmer und Käfer.
Saison: Frühjahr bis Sommer.
Fang: Mit Fliegenrute und Hegene.

Name: Äsche
Weitere Namen: Asch

Wissensch. Name: *Thymallus thymallus*
Familie: Thymalliden

Unterscheidungsmerkmale: Unverwechselbar, da in Europa einziges Mitglied ihrer Familie: regelmäßige silberne Schuppenreihen, die an Bienenwaben erinnern, mit schwarzen Punkten auf vorderer Körperhälfte. Spitzes, feines „Mündchen" und exotische, tropfenförmige Pupillen. Ihr „Markenzeichen": die hohe, lange, gelblichgrau bis violett schimmernde Rückenfahne mit rötlichen Punkten. Dahinter die Fettflosse.
Größe, Gewicht: bis 60 cm und über 3 kg. Deutscher Rekord: 6 Pfd. 175 g.
Lebensraum: Größere, schnellfließende Gewässer mit kiesig-sandigem Grund, die ihrem Bewegungsdrang genügend Spielraum bieten. Reagiert empfindlich auf Verschmutzung und wandert dann in die höheren Regionen, bis sie sauberes Wasser findet. Dabei wird sie von der Bachforelle auch in unmittelbarer Nähe geduldet: mitunter stehen beide in freundschaftlicher Nähe unter dem gleichen Krautwedel.
Lebensweise: Lebt als geselliger und äußerst sanftmütiger Friedfisch gern in kleinen Verbänden. Dabei standorttreu, hält sie sich je nach Laune und Nahrungsangebot sowohl in Verstecken wie versunkenen Ästen oder dicken Krautpolstern, als auch im Freiwasser auf. Ernährt sich zunächst von Planktoniden wie Rädertierchen und Wasserkrustentieren, dann von Larven ihrer Region. Später runden Würmer, Schnecken, Flohkrebse und Anflugnahrung das Feinkostprogramm ab. Im Alter kann sie einzelgängerisch werden und Jagd auf die Kleinfische ihrer Umgebung machen. Große Äschen stehen bevorzugt am Grund, von wo aus sie ihre Umgebung genau beobachten und sich immer wieder eine Fliege von der Oberfläche holen.
Saison: Mai bis Spätherbst. Nicht bei Hochwasser.
Fang: Fliegenrute mit Trocken- und Naßfliege oder Nymphe. Ab September steigen auch die großen Exemplare!

Name: Quappe
Weitere Namen: Rutte, Trüsche
Wissensch. Name: *Lota lota*
Familie: Gadidae (Dorschartige)

Unterscheidungsmerkmale: Breiter, abgeflachter Kopf. Sehr lange, saumartige After- und Rückenflosse. Als Merkmal aller Dorschfische die lange Bartel an der Unterlippe, zwei weitere, kurze Barteln an den Nasenlöchern. Bauchflossen sehr weit vorgelagert – direkt hinter den Kiemen, dazwischen die gezackten Brustflossen.
Größe, Gewicht: bis 80 cm und 4 kg. Deutscher Rekord: 7 Pfd. 250 g.
Lebensraum: Kann in allen Regionen Nord-, Mittel- und Osteuropas vorkommen, von der Ostsee mit ihrem Brackwasser bis hoch in die Forellenregion, wenn sie auch inzwischen selten geworden ist. Bevorzugt kühle, klare Gewässer mit geringer Strömung und festem Grund. Im Winter zieht sie zur Paarung der Quelle entgegen. Als nachtaktiver Fisch verbringt sie den Tag in ihrem Versteck zwischen Baumwurzeln, Gesteinsbrocken oder in Ausstülpungen.
Lebensweise: Sie jagt, wenn die anderen schlafen – bevorzugt in der kalten Jahreszeit, denn sommerliche Wärme behagt ihr nicht und sie reduziert die Nahrungsaufnahme während der heißen Monate. Wenn sie in der Abenddämmerung erwacht, zieht sie am Gewässergrund entlang, um Nahrung zu erbeuten. Solange sie jung ist, frißt sie wie die Salmoniden die Kleintiere des Wassers – ausgewachsen wird sie zum Räuber, der unterlegene Fische an ihren nächtlichen Ruheplätzen ergreift. Leider kann sie auf diese Weise, als Speisefisch selbst eine Delikatesse, die Salmonidenbestände erheblich schädigen.
Saison: Winter besonders günstig, unter Umständen auch in den übrigen Monaten. Bevorzugt nachts.
Fang: Grundmontagen mit Wurm, Fischfetzen, Köderfisch.

Name: Hecht

Wissensch. Name: *Esox lucius*
Familie: Esocidae (Hechte)

Unterscheidungsmerkmale: Langgestreckter Körper mit langem Kopf und entenschnabeligem Maul mit typischem Raubfischgebiß. Farbe grün mit unregelmäßigen Flecken oder Streifen. Unverwechselbar die Form und der Stand der Rücken- und der Afterflosse: stark abgerundet und dicht vor der Schwanzwurzel stehend.
Größe, Gewicht: bis 1,50 m und 30 kg. Deutscher Rekord: 50 Pfd.
Lebensraum: Alle sauberen und klaren Gewässer zwischen Ostsee, in deren nahrungsreichem Brackwasser er besonders groß werden kann, und den Gewässern der Voralpenregion. Bewohnt stehende und langsamer fließende, aber sogar auch schnellfließende Gewässer, in die er ebenfalls einwandert und in denen er sich als Standfisch bevorzugt in Ufernähe einen festen Unterstand mit Schutz vor der Strömung sucht: abgebrochene Bäume, Höhlen, ausgewaschene Ufer, Gumpen und Buchten.
Lebensweise: Lebt als einzelgängerischer Raubfisch, bei besonderem Nahrungsreichtum aber auch in Gruppen in seinem Revier sehr unauffällig und gut getarnt. Er lauert auf seine Beute, die er durch einen blitzartigen Vorstoß ergreift. So verrät er sich durch seine abendliche Jagd – besonders auch nach Gewittern, wenn die Fische in seiner Nähe angstvoll aus dem Wasser spritzen. Dank seiner nach hinten gerichteten Hundszähne ist ein Entkommen ausgeschlossen. Als Kannibale macht er selbst vor kleineren Artgenossen nicht halt und es sind Unterwasserdramen bekannt, bei denen ein Hecht an seiner eigenen Gier, bzw. einem Opfer erstickt ist, das, zur Hälfte nur verschlungen, nahezu von gleicher Größe war wie er selbst.
Saison: Generell alle Jahreszeiten. Besonders günstig Herbst und Winter.
Fang: Mit Kunstködern an der Spinn- und Schleppangel oder Köderfisch.

Name: Barsch
Weitere Namen: Flußbarsch
Wissensch. Name: *Perca fluviatilis*
Familie: Percidae (Barsche)

Unterscheidungsmerkmale: Auffällig sind die beiden getrennten Rückenflossen: die erste mit harten, äußerst scharfen Strahlenflossen bewehrt. Die Kiemendeckel in spitzen Dornen auslaufend (daher auch der Spitzname „Stachelritter“). Färbung grünlich-silbern schimmernd, die Afterflosse und die Bauchflossen leuchtend rot. Auf den Seiten mehrere dunkle, senkrecht verlaufende Streifen. Sehr großes Maul. Schwarzer Fleck auf dem hinteren Ende der vorderen Rückenflosse.
Größe, Gewicht: bis 60 cm und 3,5 kg. Deutscher Rekord: 7 Pfd. 100 g.
Lebensraum: Extrem anpassungsfähig, lebt er in nahezu allen Binnengewässern Europas von den ersten Höhenzügen der Gebirge bis zum Brackwasser der Meere. Lebt als farbenprächtiger „Krautbarsch“ in der Uferzone, als heller „Jagebarsch“ im Freiwasser und als dunkler „Tiefenbarsch“ in den unteren Wasserschichten bis 50 m Tiefe. Er meidet allzu starke Strömung und zieht sich in die ruhigeren Abschnitte zurück. Dabei ist er in fast allen Gewässern äußerst zahlreich vertreten und damit einer der wenigen wertvollen Speisefische, die nicht in ihrem Lebensraum bedroht sind.
Lebensweise: Lebt als äußerst geselliger Schwarmfisch gerne im „Familienverband“ und jagt im Rudel. Jüngere Barsche ernähren sich von Kleintieren aller Art. Erwachsen wird er zum ausgesprochenen Räuber und stellt kleineren Fischen wie Ukelei und Plötze nach. Große, alte Barsche werden einzelgängerisch und scheinen sich bei einer typischen Raubfischlebensweise eher versteckt in Unterständen aufzuhalten.
Saison: Frühling bis Sommer. Im Prinzip aber ganzjährig.
Fang: Spinnrute mit kleinen Kunstködern und tierische Köder wie gezupfte kleine Köderfische oder Fischfetzen.

Name: Zander
Weitere Namen: Schill
Wissensch. Name: *Stizostedion lucioperca*
Familie: Percidae (Barsche)

Unterscheidungsmerkmale: Langgestreckter Körper mit spitzem Kopf, das weite Raubfischmaul bis hinter die Augen reichend und mit langen, spitzen Zähnen. Zwei getrennte Rückenflossen – die vordere mit harten, stachligen Strahlen (daran die enge Verwandtschaft zum Barsch zu erkennen). Schlanker als der Barsch, die Färbung bei jüngeren Exemplaren eher bläulich-silbern. Die Dorne der Kiemendeckel fehlen. Die Augen auffallend starr und leuchtend golden mit flachem Blick.
Größe, Gewicht: bis 1,30 m und 20 kg. Deutscher Rekord: 37 Pfd. 20 g.
Lebensraum: Liebt das getrübte Wasser großer, wärmerer Gewässer: tiefe Flüsse und ihre Nebengewässer und Seen mit festem Grund. Sehr weite Verbreitung vom Küstengebiet, wo er häufig anzutreffen ist, bis in den Vorgebirgsraum, falls das Wasser nicht zu kalt ist. Weniger anspruchsvoll als der Hecht in bezug auf die Wassergüte, daher oft bei Wassertrübung als Nachfolger eingesetzt.
Lebensweise: Lebt als geselliger Raubfisch am Gewässergrund und wird besonders bei trübem Wetter mit gekräuselter Wasseroberfläche aktiv. Er liebt es, im Rudel im Freiwasser zu jagen, die Beute einzukreisen und in die Enge zu treiben. Dabei hat er es auf kleinere Fischarten abgesehen als der Hecht, der nicht so bewegungsfreudig ist und sich falls möglich, lieber größere Beutestücke greift. Auf Unterstände scheint er nicht angewiesen zu sein und ist daher meist im offenen Wasser anzutreffen, wo er sich bei gutem Nahrungsbestand in großen Gewässern zu kapitaler Größe entwickelt.
Saison: Herbst – besonders bei stark bedecktem Himmel und Nebel.
Fang: Mit Spinnrute und Kunstködern oder Grundrute mit kleinem Köderfisch oder Fetzen.

Name: Aal

Wissensch. Name: *Anguilla anguilla*
Familie: Anguilliden (Aale)

Unterscheidungsmerkmale: Der am leichtesten zu identifizierende Fisch unserer Gewässer: schlangenförmiger Körper mit langem, durchgehendem Flossensaum vom Rücken bis zum Bauch. Sehr tief sitzende, winzige Schuppen.
Größe, Gewicht: bis 1,50 m und 6 kg. Deutscher Rekord: 12 Pfd. 40 g.
Lebensraum: Von der Sargassosee, wo sie geboren werden, ziehen die Jungaale in die Brackwasserzone unserer Küste, wo sie sich vor dem Aufstieg in die Flüsse in die sogenannten Glasaale umwandeln. Von dort aus ziehen sie alle Flüsse sehr weit hinauf, wobei sie selbst schwierige Hindernisse überwinden und auch in kleinste Gewässer eindringen und so für ihre unglaublich weite Verbreitung in großen Zahlen sorgen. Sie bevorzugen Gewässer mit weichem Grund und dichtem Pflanzenbestand, haben aber keine gehobenen Ansprüche an die Wasserqualität. Auch stark belastetem Wasser passen sie sich an.
Lebensweise: Tagsüber halten sie sich in einem Versteck verborgen – eingegraben im Schlamm, zwischen Wurzeln in Ufernähe oder in Vertiefungen im Grund. Mit Einbruch der Dunkelheit werden sie aktiv und gehen in Grundnähe auf Beutejagd. Breitkopfaale (Raubaale) ernähren sich von größeren Tieren: Krebse und kleine Fische, aber auch Mäuse und Frösche lassen sie schneller wachsen und größer werden als die Spitzkopfaale, die sich von Würmern, Larven und kleinen Krebschen ernähren. Während des Winters scheinen sie eine Art Winterschlaf zu halten, wobei sie sich im Schlamm eingraben.
Saison: Frühling bis Herbst. Besonders schwüles Wetter und warme Abende.
Fang: Grundrute mit Wurm, Fischfetzen, Fleischstücken oder kleinem Köderfischen.

Name: Wels
Weitere Namen: Waller

Wissensch. Name: *Silurus glanis*
Familie: Siluriden (Welse)

Unterscheidungsmerkmale: Langgestreckter Körper. Zwei lange Barteln an der Oberlippe und vier kürzere Barteln am Kinn. Winziges Rückenflösselchen und sehr lange, saumartige Afterflosse. Farbe meist bräunlich dunkel mit hellen und schwärzlichen Tupfen, kann aber je nach Gewässer stark variieren (Tarnung).
Größe, Gewicht: bis 3 m und 150 kg. Deutscher Rekord: 150 Pfd. 200 g.
Lebensraum: Ganz Europa bis zu den Pyrenäen. Fühlt sich in sommerwarmen, trüben, nahrungsreichen Seen und großen, tiefen Flüssen mit weichem Boden wohl. Schwerpunkte sind bei uns Brandenburg mit Havelgebiet und Oderbruch, Bayern mit Regen, Naab und Donaugebiet sowie das Rhein-Main-Gebiet.
Lebensweise: Legendenumwoben lebt er als geheimnisvollster unserer Giganten standorttreu mit festem Revier tagsüber sehr zurückgezogen und unauffällig im Bodenschlamm getarnt oder verborgen in seinem Versteck zwischen den Ästen eines abgebrochenen Baums. Abends wird er aktiv und jagt die Nacht hindurch, wobei er bis dicht an die Ufer mit ihrer reichen Vegetation kommt, wo viele Fische ihre nächtlichen Ruheplätze finden. Dabei scheint er, wie man aus Magenuntersuchungen weiß, eine Vorliebe für kleinere Beute zu haben wie Würmer, Egel und Jungfische. Er verschmäht aber gelegentlich auch Wasservögel nicht, die plötzlich in einem Schwall von der Oberfläche verschwinden. Dabei reagiert er neugierig auf platschende Geräusche, in deren Nähe er schwimmt, um höchst interessiert ihre Ursache zu untersuchen.
Saison: Bei sommerlicher Wärme von Juni bis Oktober.
Fang: Schwerste Grund- und Bootsruten mit Köderfisch, Hühnerdarm oder Wurmbündel. Seltener auch große Kunstköder.

Name: Rapfen
Weitere Namen: Schied
Wissensch. Name: *Aspius aspius*
Familie: Cypriniden

Unterscheidungsmerkmale: Als Bindeglied zwischen Raub- und Friedfisch kein typisches Raubfischgebiß, sondern die Schlundzähne der Cypriniden, denen er als einziger Raubfisch angehört. Gestreckte, döbelähnliche Figur mit deutlich oberständigem Maul. Tief gegabelte, ausgefranste Schwanzflosse. Im Gegensatz zum Döbel keine dunkle Netzzeichnung der Schuppen und die Rückenflosse beginnt hinter dem Ansatz der Bauchflossen. Die ebenfalls ausgefranste Afterflosse stark konkav und vorn spitz auslaufend.
Größe, Gewicht: bis 1 m und etwa 10 kg. Deutscher Rekord: 20 Pfd. 300 g.
Lebensraum: Bevorzugt die Fließgewässer der Barben- und Brassenregion ab der Elbe über das Rhein- und Donaugebiet bis Südosteuropa, wird aber auch in großen Seen bis zu den Haffen der Ostsee angetroffen – immer dort, wo seine kleinen Beutefischchen in Schwärmen stehen.
Lebensweise: Als Jungfisch im Rudel lebend und jagend. Wie die meisten Raubfische im Alter einzelgängerisch lebender Räuber, der im Sommer nahe der Oberfläche Kleinfische aus den Plötzen-, Hasel-, Ukelei- und Rotfederschwärmen greift. Verrät sich auf der Jagd durch die in panischer Angst in allen Richtungen aus dem Wasser spritzenden Beutefische. Dabei entwickelt er eine schier unglaubliche Angriffsgeschwindigkeit, der kein Schwimmer unserer Gewässer gewachsen ist. Falls erreichbar, vergreift er sich auch an Entenjungen und Fröschen.
Saison: Gezielt zu beangeln nur von spätem Frühjahr bis Herbst nahe der Oberfläche. Sonst in Bodennähe als Zufallsfang.
Fang: Spinnrute und mit Höchstgeschwindigkeit dicht unter der Oberfläche geführte, nicht zu große Spinner. Fliegenrute mit Streamer.

Name: Barbe

Wissensch. Name: *Barbus barbus*
Familie: Cypriniden

Unterscheidungsmerkmale: Besonders auffällig das niedliche Gesicht: dicke, runde Lippen am stark unterständigen Maul und vier kräftige Barteln geben ihr das unverwechselbare, liebenswerte Aussehen. Der Körper ist der Strömung perfekt angepaßt: langgestreckt und torpedoförmig. Fast gerade Bauchlinie, Rücken nur mäßig gewölbt. Farbe goldglänzend.
Größe, Gewicht: bis 90 cm und 8,5 kg. Deutscher Rekord: 17 Pfd.
Lebensraum: In den mäßig kühlen Fließgewässern der nach ihr benannten Barbenregion Süd- und Mitteldeutschlands und des Weserraumes. Schüchternes Vordringen angeblich auch wieder in Ostdeutschland in Flüssen wie der Oder und der oberen Spree durch langsame Verbesserung der Wasserqualität. Insgesamt anspruchsvoll, braucht sie kräftig strömende, saubere Gewässer.
Lebensweise: Lebt gesellig und gut getarnt unter Pflanzenpolstern, hinter Wehren oder Brückenpfeilern und Steinen oder anderen Hindernissen am kiesigen bis sandigen Grund mitten in der Strömung. Am Tag häufig nicht ganz so aktiv, wobei sie ihr zufällig vor das Mäulchen treibenden Leckerbissen auch tagsüber nicht abgeneigt ist (besonders im Spätsommer), beginnt sie mit der Dämmerung ihre Nahrungssuche nach kleinen Bodentieren: Würmern, Larven, Flohkrebsen, Schnecken und Muscheln, aber auch Algen und nahrhaften Pflanzenteilen. Im Winter scheinen die Barben dicht aneinander gedrängt eine Art Winterruhe zu halten.
Saison: Juli bis Herbst. Besonders günstig der Spätsommer (September).
Fang: Mit treibender Pose und Made oder Wurm. Grundrute mit Wurm, Käseteig oder Maden, die dann mit Futterkörbchen reichlich angefüttert werden.

Name: Nase
Weitere Namen: Näsling

Wissensch. Name: *Chondrostoma nasus*
Familie: Cypriniden

Unterscheidungsmerkmale: Spindelförmiger, silbern bis golden glänzender Strömungsfisch mit der unverkennbaren, vorgezogenen Schnauze, die dem Fisch den Namen gab. Körperbau wie bei allen Strömungsfischen: flache Bauchlinie, nur mäßig gewölbter Rücken. Rückenflosse beginnt kurz vor den Bauchflossen, Schwanzflosse tief gegabelt, die leuchtendrote Afterflosse leicht konkav.
Größe, Gewicht: bis 60 cm und 3 kg. Deutscher Rekord: 5 Pfd. 175 g.
Lebensraum: Ursprünglich weitverbreiteter Bewohner schnell fließender Gewässer der Äschen- und Barbenregion Mittel- und Osteuropas, bei uns des Donaugebietes. Wenn in Seen, dann in der Nähe der Zu- und Abflüsse. Oft steht sie unter Wehren und Mühlschüssen, sonst eher in den Flachwasserzonen. Durch Verschmutzung und Verbauung stark zurückgegangene Bestände.
Lebensweise: Als Schwarmfisch lebt sie in Bodennähe und ernährt sich von Algen, die sie mit ihren hornigen Lippen von Steinen, Wurzeln und Pflanzenstengeln der Uferregion abweidet. Dabei verschmäht sie auch Kleintiere wie Planktonkrebschen, Larven und Würmer nicht, die sie zwischen dem Algenbewuchs findet. In den Mittagsstunden passiv, beginnt sie am Nachmittag mit der Futtersuche. Als Nahrung ist sie für Raubfische wie den Huchen besonders wichtig und wo wegen schlechter Bedingungen Nasen selten werden, leiden auch die wertvollen Huchenbestände stark. Als Angelfisch sind kapitale Stücke wie alle Strömungsfische hart kämpfende Gegner.
Saison: Sommer bis Ende Herbst bei gemäßigtem Licht. Besonders ab Nachmittag.
Fang: Mit der Pose oder Grundrute in Ufernähe zwischen den Pflanzen mit kleinen Ködern wie Laubwurm oder Made, aber auch Hanf, Weizen und Mais.

Name: Hasel
Weitere Namen: Häsling

Wissensch. Name: *Leuciscus leuciscus*
Familie: Cypriniden

Unterscheidungsmerkmale: Gestreckter, schlanker, fast drehrunder Körperbau, der den gewandt schwimmenden Strömungsfisch erkennen läßt, mit silbernen Schuppen. Die paarigen Flossen und die Afterflosse sind gelblich gefärbt. Rückenflosse über den Bauchflossen angesetzt, Afterflosse wellenförmig/konkav, Schwanzflosse tief gegabelt. Das Maul leicht unterständig, Rücken dunkel gefärbt.
Größe, Gewicht: bis 35 cm und 350 g.
Lebensraum: Schwarmfisch mit einer Vorliebe für Fließgewässer mit kräftiger Strömung und klarem Wasser, wo er die oberen und mittleren Schichten des Freiwassers belebt. Bevorzugt daher die Äschen- und Barbenregion, kann aber auch in sauberen Abschnitten in der Brassenregion bis hin zur Ostsee entdeckt werden.
Lebensweise: Silberblitzend zieht er in seinem Schwarm im Freiwasser unter der Oberfläche umher auf der Jagd nach kleinen Wassertieren, Würmern und Anfluginsekten, die sich vom Land auf das Wasser verirrt haben oder zur Eiablage gekommen sind. Gelegentlich abtauchend, sammelt er auch Larven vom Boden auf. Dabei kann es kein Zufall sein, daß gerade dieser kleine, zauberhafte und ungemein sportliche Kerl als kleinstes Mitglied die Gruppe der edlen und kräftigen Leuciscen anführt (siehe sein wissenschaftlicher Name) – unter ihnen so stattliche Kämpen, wie der blitzgescheite Döbel. Der Hasel durchstreift mit besonderer Vorliebe auch die schwierigen Abschnitte seines Gewässers – dort, wo die Strömung am stärksten ist.
Saison: Sommer.
Fang: Mit Made an der aktiv geführten, superfeinen Posenmontage in allen Tiefen schneller Strecken.

Name: Döbel
Weitere Namen: Aitel

Wissensch. Name: *Leuciscus cephalus*
Familie: Cypriniden

Unterscheidungsmerkmale: Auffällig der kräftige, runde Kopf mit dem weiten, endständigen Maul und die schwarze Netzzeichnung auf den großen, silbernen Schuppen erwachsener Fische. Spezielle Merkmale: Rückenflosse über den Bauchflossen angesetzt und Afterflosse stark konvex geformt.
Größe, Gewicht: bis 70 cm und 5 kg.
Lebensraum: Schnellfließende, klare und nicht zu kalte Gewässer von der Forellen- bis zur Barbenregion sind seine bevorzugte Heimat und in Ausnahmen auch klare Seen. Verbreitungsgebiet ganz Europa außer dem hohen Norden und bevölkert trotz seiner Vorliebe für klares Wasser auch die Brassenregion bis zur Küste.
Lebensweise: In der Jugend als geselliger Schwarmfisch lebend, macht er Jagd auf kleine Wassertiere. Im Halbstarkenalter sieht man ihn in wohlgeordneten Trupps vor Hindernissen und Engpässen wie Bootsstegen und Sandbänken stehen und auf antreibende Nahrung lauern. Große Exemplare werden zu räuberischen Einzelgängern und greifen kleine Fische und frisch gehäutete Krebse, Frösche und selbst Mäuse an. Als Feinschmecker unter den Weißfischen liebt er jedoch auch die Früchte der Saison: Kirschen, Weintrauben und alle Arten von Beeren. Klug und aufmerksam, beobachtet er seine Umgebung genau und macht es dem Angler schwer, sich unbemerkt anzunähern. Große Exemplare gezielt aufzuspüren und zu überlisten, ist daher nur dem Spezialisten möglich.
Saison: Ganzjährig – selbst im tiefsten Winter. Im Sommer auch nahe der Oberfläche.
Fang: Posen- oder Grundrute mit Made, Wurm, Käse oder Frühstücksfleisch und Früchten. Aber auch Spinner und Fliegenrute mit großen Trockenfliegen, Nymphen oder Streamern.

Name: Aland
Weitere Namen: Orfe, Nerfling

Wissensch. Name: *Leuciscus idus*
Familie: Cypriniden

Unterscheidungsmerkmale: Dieser enge Verwandte des Döbels ist leicht an den kleineren Schuppen und seinen Flossen zu unterscheiden: Die Rückenflosse ist hinter den Bauchflossen angesetzt und die Afterflosse stark konkav eingebuchtet. Das endständige Maul ist deutlich kleiner und der Kopf wirkt weniger wuchtig. Wie beim Döbel existiert jedoch ebenfalls die dunkle Netzzeichnung der Schuppen.
Größe, Gewicht: bis 70 cm und 5 kg. Deutscher Rekord: 8 Pfd. 110 g.
Lebensraum: Verbreitungsgebiet ähnlich wie der Döbel ganz Europa, jedoch nicht in Frankreich. Dabei steigt der Aland die Flüsse nicht so weit empor – er bevorzugt das wärmere Wasser der Brassenregion und das nahrhafte Brackwasser der Ostsee. In Kanälen scheint er sich ausgesprochen wohl zu fühlen, denn im nahrungsreichen Kanalwasser zu kapitaler Größe heranwachsend, kommt er dort in großen Schwärmen vor, die weite Strecken nach Futter absuchen.
Lebensweise: Bevorzugt das Leben im Schwarm, mit dem er auf Nahrungssuche im Sommer die oberen Wasserschichten und die flachen Uferzonen durchpflügt, während er sich bei kaltem Wasser in die tieferen Schichten zurückzieht. Große Stücke stellen auch Jungfischen nach, weshalb sie gelegentlich auf Köderfischchen gefangen werden. Dabei entwickelt der Aland nicht die exotischen Speisegewohnheiten wie sein Verwandter, bleibt er doch eher bei der konventionellen Fischnahrung, die aus Zooplankton des Freiwassers und Kleintieren des Gelegegürtels besteht.
Saison: Im Prinzip ganzjährig. Besonders günstig der Sommer.
Fang: Alle Methoden: Fliege, treibende Pose, Grundrute und Spinnrute. Alle bekannten Friedfischköder und Kichererbsen, die er besonders zu lieben scheint.

Name: Grasfisch
Weitere Namen: Graskarpfen
Wissensch. Name: *Ctenopharyngodon idella*
Familie: Cypriniden

Unterscheidungsmerkmale: Langgestreckter, kräftiger, spindelförmiger Körper mit großen, dunkel umrandeten, goldgelben Schuppen. Schwanzflosse tief gegabelt. Tiefstehende Augen. Unverwechselbar das exotisch wirkende, breite Maul. Kurze, abgerundete und vor den Bauchflossen angesetzte Rückenflosse.
Größe, Gewicht: bis 1,30 m und über 30 kg. Deutscher Rekord: 52 Pfd.
Lebensraum: Aus dem Amurgebiet in Nordchina eingeführt, wurde der Grasfisch in Europa in vielen wärmeren Karpfenseen des Flachlandes und Flüssen der Brassenregion eingesetzt, um die wuchernde Unterwasservegetation wie die aus Kanada eingeführte Wasserpest (Elodea) kurzzuhalten. Als typischer Warmwasserbewohner kommt er auch mit wenig Sauerstoff aus.
Lebensweise: Der Bestand des attraktiven Grasfisches, der sich nur bei einer Temperatur über 20 Grad C. fortpflanzt, muß bei den kühleren nordeuropäischen Verhältnissen durch regelmäßigen Besatz erhalten werden. Als Pflanzenfresser vertilgt er bei warmem Sommerwasser täglich eine Pflanzenmenge, die etwa seinem eigenen Gewicht entspricht. Dies macht ihn für verkrautete Gewässer äußerst wertvoll und er sollte nach dem Fang unbedingt unverletzt zurückgesetzt werden, um weiterhin seine nützliche Arbeit leisten zu können! Er durchstreift das Wasser in allen Schichten, in denen er Nahrung findet und wird häufig als Beifang auf Mais, Kichererbse oder Boilie beim Karpfenangeln gehakt.
Saison: Sommer bei warmem Wasser im Sonnenlicht; auch in warmen Nächten.
Fang: An der Oberfläche, im Mittelwasser oder am Grund mit kleinen Ködern: Mais, Teig, Brotflocke, aber auch mit Grasbüscheln bei gezieltem Anwerfen.

Zuchtform: Schuppenkarpfen: volles Schuppenkleid

Name: Karpfen
Neben der Wildform
die Zuchtformen: Schuppenkarpfen, Spiegelkarpfen, Lederkarpfen

Wissensch. Name: *Cyprinus carpio*
Familie: Cypriniden

Unterscheidungsmerkmale: Neben dem flachrückigen, torpedoförmigen Wildkarpfen sind die Zuchtformen an ihrem hochrückigen Körperbau zu erkennen. Zu beiden Seiten der Oberlippe ihr „Markenzeichen": die beiden kräftigen Barteln – darüber zwei kurze Barteln. Je nach Zucht volles Schuppenkleid, entlang der Rückenflosse und auf den Seiten unregelmäßig verteilt einzelne, große Spiegelschuppen oder völlig ohne Schuppen. Selten die Form des Zeilkarpfens mit nur einer Reihe großer Schuppen entlang der Seitenlinie. Schwanz- und Brustflossen besonders ausgeprägt.
Größe, Gewicht: bis über 1 m und 30 kg. Deutscher Rekord: 54 Pfd. 100 g.
Lebensraum: Der Wildkarpfen als Urform ist in Nordeuropa nicht vorhanden – weite Verbreitung nur der genannten drei Zuchtformen: In ganz Europa in den warmen und nahrungsreichen Gewässern der Brassenregion und Flachlandseen, wo der Karpfen der wichtigste Besatzfisch ist. Er bevorzugt das Leben im Verborgenen: alle Arten von Hindernissen, z.B. Seerosenfelder, Bäume und Krautbetten ziehen ihn magisch an. Bei Sommerhitze ist er oft auch an der Oberfläche zu sehen.
Lebensweise: Verbringt sein Leben in Gesellschaft seiner Artgenossen. Auf der Futtersuche legt er weite Strecken zurück – nachts gerne auch in der Nähe des Ufers mit seiner üppigen Vegetation. Dabei hält er feste Routen ein, auf denen er entlangwandert zwischen seinen festen Futterplätzen, wenn er nicht vertrieben wird.
Saison: Ganzjährig. Besonders günstig Frühling und Herbst.
Fang: Mit kräftigem Gerät. Stationäre Posen- oder Grundbleimontage. Köder: Teig, Boilies, Mais, Brot, Kichererbsen und diverse Bohnensorten.

Spiegelkarpfen: nur einzelne, große Spiegelschuppen

Lederkarpfen: vereinzelte Schuppen an Schwanzwurzel und Rückenflosse

Name: Karausche
Weitere Namen: Bauernkarpfen

Wissensch. Name: *Carassius carassius*
Familie: Cypriniden

Name: Giebel

Wissensch. Name: *Carassius auratus*
Familie: Cypriniden

Unterscheidungsmerkmale: Kurzer, rundlicher Körper mit hochgewölbtem Rücken und runder Bauchlinie. Lange Rückenflosse wie der Karpfen. Aussehen insgesamt wie ein kurzgeratener Schuppenkarpfen ohne Barteln. Färbung von warmem Bronzeton bis zu sattem Goldgelb oder seltener sogar Rotgold. Bei jüngeren Exemplaren großer, schwarzer Fleck auf der Schwanzwurzel. Giebel insgesamt gleich aussehend, Färbung jedoch silbern, Rückenflosse eingebuchtet. Jungtiere ohne schwarzen Schwanzfleck.
Größe, Gewicht beider Arten: bis 40 cm und 2,5 kg.
Deutscher Rekord (Karausche): 4 Pfd. 410 g.
Lebensraum: Leben als Schwarmfische in Flachlandseen mit reicher Vegetation sowie in strömungsarmen Abschnitten der Brassenregion und Altarmen. Dabei sind die Fische ausgesprochen unempfindlich gegen Wasserverschmutzung und Sauerstoffmangel und können so noch in den kleinsten Dorftümpeln und Weihern existieren.
Lebensweise: Beide – Giebel und Karausche – leben unauffällig und zurückgezogen im trüben Wasser ihrer Region als reine Bodenbewohner und ernähren sich von Insektenlarven, kleinen Wassertieren und pflanzlichem Plankton. Da sie sich freiwillig niemals an der Oberfläche sehen lassen, ist ihr plötzliches Auftauchen am Haken eines Anglers in all ihrer Pracht und Schönheit oft eine unerwartete Überraschung.
Saison: Frühling bis Herbst.
Fang: Mit Pose oder Grundrute in Bodennähe mit den üblichen Weißfischködern wie Made, Wurm oder Brot.

Name: Schleie
Weitere Namen: Schlei

Wissensch. Name: Tinca tinca
Familie: Cypriniden

Unterscheidungsmerkmale: Kompakte, im Querschnitt fast dreieckige Körperform mit dunkelgrün-bräunlicher Färbung und goldenem Schimmer. Unverwechselbar die runden, vollen Lippen, die kompakte, kräftige Schwanzflosse mit runden Ecken und die gerundeten Rücken- und Afterflossen. Dazu zwei kurze Barteln links und rechts der vollen Wulstlippen.
Größe, Gewicht: bis 70 cm und 6 kg. Deutscher Rekord: 9 Pfd. 475g.
Lebensraum: Liebt das trübe Wasser pflanzenreicher, selbst völlig verkrauteter Seen und mäßig fließender Gewässer, kommt aber auch noch in Tälern der Alpenregion vor. Helles Licht meidet sie und wird nur bei gemäßigtem Licht aktiv. Sie scheint sich in sauberem, aber nährstoffreichem Wasser besonders gut zu entwickeln, denn dort sind häufig die kapitalsten Exemplare zu finden.
Lebensweise: Die Schleie lebt sehr zurückgezogen und unauffällig am Grund ihres Gewässers in unmittelbarer Nähe des Ufers. Während des Tages zwischen Pflanzen verborgen, geht sie abends auf die Futtersuche, wobei sie auch Pflanzenreste und Algen aufnimmt, die Pflanzenstengel nach Schnecken absucht und den Grund nach Larven durchwühlt. Ihre Lieblingsspeise scheinen Muscheln und Schnecken aller Art zu sein. Häufig ist ihre Gegenwart nicht zu ahnen oder nicht einmal bekannt – lediglich ihr äußerst lebhaftes, fesselndes Liebesspiel nur zentimeterweit von der Uferkante entfernt gibt Gelegenheit, diesen schönen Fisch in seinem Revier zu beobachten.
Saison: Besonders Frühjahr in warmem Wasser, mäßig Sommer bis Herbst.
Fang: Grund- und Posenrute mit reichlich Grundfutter am Boden. Köder: Wurm, Made, Brot, Teig, Kartoffeln, Mais, Krebsfleisch und Miniboilies.

Name: Rotauge
Weitere Namen: Plötze

Wissensch. Name: *Rutilus rutilus*
Familie: Cypriniden

Unterscheidungsmerkmale: Körperform leicht hochrückig und Bauchlinie gerundet. Kleines, endständiges Maul und rote Iris. Färbung silbern. Die Rückenflosse genau über den rötlichen Bauchflossen angesetzt, die Schwanzflosse tief gegabelt.
Größe, Gewicht: bis 40 cm und über 2 kg. Deutscher Rekord: 5 Pfd. 400 g.
Lebensraum: In allen Seen und fließenden Gewässern der Barben- und der Brassenregion in Nord-, Mittel- und Osteuropa außer dem höchsten Norden. Lebt bodennah in der Nähe von Krautbetten, an der Scharkante und in tieferen Zonen mit Abstand zum Ufer über festem Grund. Morgens und abends geht sie in Ufernähe auf Futtersuche. Bei Überschwemmungen auch auf den überfluteten Wiesen, um Würmer und Landinsekten aufzusammeln.
Lebensweise: Als Schwarmfisch des Freiwassers beginnt das Rotauge morgens erst zaghaft mit der Suche nach Larven, Würmern und Schnecken. Daneben nimmt es auch Pflanzenteile und Algen. Über Mittag eher ruhig, folgt gegen Abend eine längere, intensive Freßperiode, während der es an manchen Tagen auch unter der Oberfläche auf Anflugnahrung lauert, die es mit stundenlanger Geduld einzeln von der Oberfläche pickt. Mit Einbruch der Dunkelheit beendet es die Futtersuche schlagartig und zieht sich mit seinem Schwarm zum nächtlichen Ruheplatz zurück.
Saison: Im Prinzip ganzjährig. Besonders günstig von den ersten warmen Tagen des Jahres bis Winterbeginn.
Fang: Mit leichter Posenmontage und feiner Schnur. Köder: Made, Hanf, Weizen, Teig, Mais, kleine Würmer. Alternativ auch mit feiner Winklepickerrute und Futterkörbchen mit Grundfuttermischung.

Name: Rotfeder
Weitere Namen: Rötel
Wissensch. Name: *Scardinius erythrophthalmus*
Familie: Cypriniden

Unterscheidungsmerkmale: Körperbau ähnlich der Plötze, aber der schlanke Bauch zwischen Bauchflossen und Afterflosse kantig gekielt. Färbung der Schuppen mit leuchtendem Goldglanz, alle Flossen zumindest an den Spitzen leuchtend Rot. Das kleine Maul oberständig. Rückenflosse deutlich hinter den Bauchflossen angesetzt.
Größe, Gewicht: bis 45 cm und über 2 kg. Deutscher Rekord: 6 Pfd. 10 g.
Lebensraum: Verbreitungsgebiet wie Plötze in den Seen und den fließenden Gewässern mit nicht zu kaltem, gemächlich strömendem Wasser der Barben- und Brassenregion zwischen den Alpen und der Küste. Besonders gut entwickelt sie sich in kleineren Gewässern mit reichem Krautbestand und einer weichen, nahrhaften Bodenschicht.
Lebensweise: Als Schwarmfisch bewohnt die lebhafte Rotfeder die Gelegezone ihres Gewässers und die ruhigen Buchten außerhalb der Strömung. Weniger lichtscheu als das Rotauge, läßt sie sich häufiger an der Oberfläche beobachten, wo sie Anflugnahrung und Schwebeteilchen greift. Sie geht aber auch auf längere Ausflüge am Boden, um dort gelegentlich Larven und kleine Wassertiere, meist aber Algen und Pflanzen und pflanzliches Plankton zu sammeln. Im Winter zieht sie sich wie alle Weißfische in tiefere Schichten zurück.
Saison: Im Prinzip ganzjährig. Besonders günstig Sommer und Herbst.
Fang: Leichte Posenmontagen und feine Schnur. Alle Friedfischköder. Anlegen einer Futterstelle mit Grundfutter günstig, aber auch im Mittelwasser mit langsam sinkenden Posenmontagen. Idealer Fisch für die Fliegenrute, wenn in der Nähe kein Salmonidengewässer zur Verfügung steht.

Name: Zährte
Weitere Namen: Rußnase

Wissensch. Name: *Vimba vimba*
Familie: Cypriniden

Unterscheidungsmerkmale: Schlanker, silberner Strömungsfisch mit torpedoförmigem, seitlich abgeflachtem Körper. Rote Brust- und Bauchflossen und rote Afterflosse. An die Nase erinnernd das stark unterständige Maul und darüber die polsterartig verdickte Oberlippe. In der Laichzeit entwickelt die Zährte ein besonders attraktives Hochzeitskleid: sie bekommt einen schwarzen Rücken und schwarze Seiten, Kehle bis Bauch verfärben sich rötlich. Im Gegensatz zum Näsling ist die Unterlippe der Zährte ohne hornige Verhärtung.
Größe, Gewicht: bis 60 cm und 3 kg. Deutscher Rekord: 4 Pfd. 325 g.
Lebensraum: Die Unterläufe der Flüsse bis in das Mündungsgebiet, teils auch Bodden und Haffe der Ostsee sowie gelegentlich Seen bilden die Heimat der Zährte. Ihre engen Verwandten, von denen sie sich durch eine etwas längere Schnauze und größere Augen unterscheidet, leben im Donaugebiet sowie in bayerischen und österreichischen Seen.
Lebensweise: Lebt äußerst gesellig mit ihrem Schwarm in Grundnähe, wo sie sich von Larven, Würmern und anderen kleinen Bodentieren ernährt, die sie aus dem Schlamm wühlt. In der Ostsee verbringt sie ihr Leben fast völlig im Salzwasser, das sie nur zum Laichen in den Flußläufen verläßt. Andere Gruppen wandern zwischen Salz- und Süßwasser, während wiederum Schwärme bekannt sind, die stationär in den Unterläufen der Flüsse leben, ohne jemals in das Salzwasser zu ziehen.
Saison: Frühling bis Herbst.
Fang: Pose oder Grundrute in Bodennähe mit Made oder Wurm. Besonders mit ruhendem Köder, der von der Zährte auf ihrer sehr aktiven Futtersuche gefunden wird.

Name: Brassen
Weitere Namen: Brachsen, Blei

Wissensch. Name: *Abramis brama*
Familie: Cypriniden

Unterscheidungsmerkmale: Sehr hochrückig mit runder Bauchlinie und dabei sehr flachem Körper. Farbe silbrig oder bräunlich bis dunkelbraun. Rüsselartig vorstülpendes Maul. Rückenflosse weit hinter den Bauchflossen angesetzt. Lange, stark konkav gebogene, spitz auslaufende Afterflosse. Tief gegabelte Schwanzflosse. Alle Flossen dunkel.
Größe, Gewicht: bis 90 cm und 10 kg. Deutscher Rekord: 16 Pfd. 300 g.
Lebensraum: Die mäßig fließenden Flüsse und Kanäle der Brassenregion, besonders auch an Einmündungen sowie die größeren, aber nicht zu tiefen Seen des Flachlandes mit warmem Wasser. Dort tritt er bei guter Nahrungsgrundlage (Pflanzenreichtum = dicke Schlammpolster = riesige Mückenlarvenbestände) als Schwarmfisch in großen Scharen auf und entwickelt sich zu kapitalen Größen.
Lebensweise: Während sich kleinere Brassen noch in Ufernähe aufhalten, ziehen sich die ausgewachsenen Fische, die für ihre Vorsichtigkeit bekannt sind, in tiefere Regionen zurück und halten tagsüber deutlichen Abstand zum Ufer, während sie nachts auch in Ufernähe kommen, um den Schlamm nach Larven zu durchwühlen, wobei sie tiefe Löcher im Boden hinterlassen. Sie fressen hauptsächlich Tubifex, Zuckmückenlarven und Schnecken, nehmen aber auch Würmer und pflanzliches Plankton auf. In nahrungsarmen Gewässern neigen sie zur Verbuttung, also Kleinwüchsigkeit, da sie sich trotz geringerer Nahrung reichlich vermehren.
Saison: Frühsommer bis Herbst.
Fang: Grundmethoden mit oder ohne Pose. Alle üblichen Friedfischköder ruhig liegend angeboten und reichlich Grundfutter.

Name: Güster
Weitere Namen: Blicke
Wissensch. Name: *Blicca bjoerkna*
Familie: Cypriniden

Unterscheidungsmerkmale: Im Unterschied zum Brassen ist die Güster immer silbrig mit einem Schimmer ins rötliche, besitzt kein Rüsselmaul und die Brust- und Bauchflossen sind am Ansatz rot gefärbt. Sie ist nicht ganz so hochrückig, dafür etwas breiter und kräftiger.
Größe, Gewicht: bis 35 cm und 1 kg.
Lebensraum: Bewohnt mit ähnlichem Verbreitungsgebiet wie der Brassen die stehenden und langsam fließenden Gewässer des Flachlandes, bzw. der Brassenregion und liebt flaches, warmes Wasser mit dichtem Pflanzenbestand. Hier lebt sie im Schutz der Ufervegetation, wo sie auch ihre Nahrung findet. Nur Nachts begibt sie sich auf die Jagd im Freiwasser.
Lebensweise: Sie ist wie der Brassen ebenfalls ein Fisch der Bodennähe, wo sie sich von kleinen Bodentieren wie Würmern, Insektenlarven, Schnecken und kleinen Muscheln, aber auch von Pflanzenteilen und Algen und wie der Brassen besonders gern von Mückenlarven ernährt. Im Freiwasser jagt sie im Gegensatz zum Brassen auch Planktonkrebschen. Damit unterscheidet sie sich von anderen Weißfischen, die sich nachts auf ihre Ruheplätze zurückziehen und die Futtersuche bis zum nächsten Tag einstellen.
Saison: Frühjahr bis Herbst.
Fang: Am Boden festgesetzte Pose oder Grundrute mit den üblichen Weißfischködern. Es ist allerdings nicht bekannt, daß es Angler gibt, die gezielt auf Güstern angeln – meist wird dieser an der Angel kampfstarke Fisch wegen seiner geringen Eignung als Speisefisch eher als unangenehmer Beifang betrachtet.

Teil 3: Die Angelgeräte

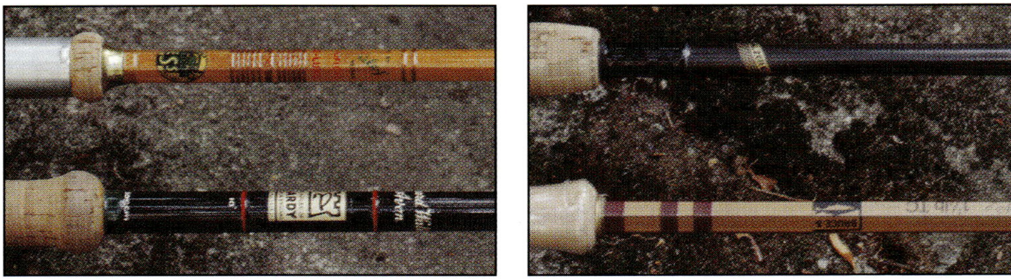

Rutenmaterial: gesplieẞter Bambus, Glasfiber, Kohlefaser, gesplieẞte Hexagraphrute

Ruten

Material:

Angelruten werden hauptsächlich aus drei verschiedenen Materialien hergestellt: gesplieẞtem Bambus, Glasfiber und Kohlefaser.

Bambus: Schon lange werden Ruten aus 6 dreieckigen, verleimten Bambusspließen gefertigt. Viele berühmte Modelle mit bekannten Namen haben Angelgeschichte gemacht und werden heute als Kostbarkeiten gesammelt. Bis heute werden gesplieẞte Bambusruten von einigen exklusiven englischen Herstellern in Handarbeit produziert und von Liebhabern der kräftigen, durchgehenden Aktion auf alle Fischarten eingesetzt. Sorgfältig gearbeitete Bambusruten sind nicht nur von großer Schönheit, sondern auch unverwüstlich und bleiben für viele Jahrzehnte einsetzbar.

Glasfaser: Seit den sechziger Jahren werden Ruten in industrieller Serienfertigung aus Glasfiber produziert: Fliegen- und Spinnruten, Posen- und Grundruten. Es ist ein sehr haltbares und belastungsfähiges, allerdings nicht sehr leichtes Material, das der Rute eine weiche, durchgehende Aktion mit kräftigem Rückgrat verleiht. Hochwertige Glasruten sind dünnwandig und daher leicht, aber dennoch sehr kräftig. Im Nahbereich sind sie nicht zu überbieten, da sie jede Flucht eines starken Fisches mit ihrer Nachgiebigkeit abfedern.

Kohlefaser: Heute werden die meisten Ruten aus der leichten, allerdings auch bruchgefährdeten Kohlefaser hergestellt. Sie sind sehr leicht und besitzen eine schnelle, straffe Aktion bei geringem Durchmesser des Rutenblanks. Die moderne Kohlefaserrute ist ein in großen Stückzahlen gefertigtes Industrieprodukt mit geringem Anteil an Handarbeit. Der hochwertige, individuelle Charakter jeder einzelnen Rute, den die Bambusruten besaßen, ging dadurch verloren.

Gesplieẞte Kohlefaser: Eine Spezialität auf dem Rutenmarkt sind die aus Kohlefaser gesplieẞten Hexagraph-Ruten von Bruce & Walker. Sie verbinden die Eigenschaften des modernen Materials mit dem Charakter einer Gespließten. Traditionell in reiner Handarbeit hergestellte Ruten der oberen Preisklasse von hoher ästhetischer Qualität.

Bestandteile:

Rutenblank: Blank ist die Bezeichnung für die Rutenstange, der auch als Rohling bezeichnet wird. Für den einfacheren Transport ist er je nach Länge in zwei oder mehr Teile unterteilt. Die Einzelteile werden zum Gebrauch zusammengesteckt (Steckruten) oder die für den Transport ineinander geschobenen Teile auseinandergezogen (Teleskopruten).

Ringe: Spitzen- oder Endring an der Rutenspitze, mehrere Leitringe, die von hinten nach vorne zur Spitze hin immer enger stehen, um die Rutenaktion möglichst optimal auszunutzen. Über dem Handteil liegt der Führungsring, der beim Wurf die Schnur aufnimmt. Er ist größer als die Leitringe und steht auf längeren Stegen, um die spiralig in Klängen von der Spule haspelnde Schnur aufzunehmen.

Hakenöse: Sitzt bei manchen Ruten über dem Handteil und dient dazu, den Haken einhängen zu können.

Handteil: Handteile werden aus durchgehendem Kork oder bei Spezialistenruten auch aus zweigeteiltem, schwarzem Duplon (Moosgummi) hergestellt. Bei Teleskopruten sieht man häufig auch gewickeltes „Tennisband" als billige Lösung.

Rollenhalter: Bei Matchruten und leichten Grundruten zwei Schubringe über dem Rollenfuß. Der Klapprollenhalter ist Standard bei Bolognaruten. Wichtig ist eine gute Qualität (Fuji), da er sonst sehr bald erneuert werden muß. Fliegenruten und kräftige Grundruten mit Schraubrollenhalter. Spinnruten bei uns seltener mit geformtem Pistolengriff, in dem eine kleine Multirolle angebracht wird.

Beringung:

Schlangenringe für Fliegenruten. Einstegringe für Spinn- und Spezialistenruten beeinträchtigen am wenigsten die Aktion der Rute, müssen aber vorsichtig behandelt werden, damit sie nicht verbiegen. Zweistegringe werden als Führungsringe mit zwei Wicklungen angebunden und bei stark beanspruchten Spezialistenruten auch durchgehend als Leitringe eingesetzt.

Brückenringe früher meist ohne Einlage als hartverchromte Stahlringe an Bambusruten und den ersten Glasruten. Matchringe, bzw. Spinnenbeinringe mit langen Beinen in der leichten Ausführung für Matchruten, schwere Ausführung auch für Spinnruten, um die Schnur vom Blank abzuhalten, damit sie nicht reibt oder klebt. Tubenringe sitzen bei Teleskopruten am Ende

Rollenhalter: Schubringe, Klapphalter, Schraubhalter

jeder Rutenteilung. Einlagen: Die Führungs- und Endringe von Bambus- und Glasfiberruten sind mit einer Einlage aus Achat versehen. Die Einlagen moderner Ringe bestehen aus Aluminiumoxyd (z.B. Hardloy) oder aus Silicon-Carbid (SiC). Beide Einlagen sind schnurschonend, da extrem hart und glatt bei guter Ableitung der Reibungswärme und werden für stark belastete Ruten verwendet.

Aktion:

Der Begriff Aktion bezeichnet das Biegeverhalten der Rute bei Belastung. Es werden drei Aktionen unterschieden:
Spitzenaktion (FT = Fast Taper): Es biegt sich nur der obere Rutenteil. Wichtig unter anderem bei Posenruten, um einen Anschlag schnell zum Haken durchzubringen. Große Wurfweite, aber hart im Drill mit der Gefahr, daß starke Fische wegen zu geringer Nachgiebigkeit ausschlitzen.
Semiparabolische Aktion (CPT = Composite Progressive Taper): Bei geringer Belastung nur Biegung der Spitze, bei zunehmender Belastung Biegung bis über die Hälfte des Blanks – bei manchen Ruten bis zum Handteil. Guter Kompromiß: große Wurfweite und befriedigende Abfederung im Drill.
Parabolische Aktion (CT = Compound Taper): Durchgehende Aktion bis in das Handteil, dabei aber bei guten Kohlefaserruten straff und kräftig mit guter Dämpfung beim Drill. Moderne Hochleistungsruten mit CT-Aktion erreichen

Die Wertangaben der Ruten: Länge, Wurfgewicht, Testkurve und AFTMA-Klasse

heute ebenfalls relativ zielgenau eine sehr weite Wurfdistanzistanz.

Länge:

Wird in Meter oder Fuß angegeben. 1 Fuß = 30,48 cm, abgerundet = 30 cm. Näheres siehe Beschreibung der einzelnen Rutentypen.

Gewichtsklasse:

Die Kraft einer Rute wird entweder mit ihrem Wurfgewicht oder mit dem Wert ihrer Testkurve, der Wert der Testkurve in englischen Pfund = lbs, angegeben. Die Testkurve zeigt, wieviel Gramm Gewicht nötig sind, um die Rute zu einem rechten Winkel zu biegen. Eine leichte Matchrute hat z.B. ein Wurfgewicht von max. 20 bis 30 g und eine Testkurve von unter 1 lb. Eine starke Hechtrute hat ein Wurfgewicht von 150 bis 300 g und eine Testkurve von 3 bis 5 lbs. Fliegenruten werden in AFTMA- (mit gleicher Bedeutung auch AFTM oder seit einiger Zeit ASA-) Klassen unterteilt, die darüber informieren, welches Schnurgewicht für die jeweilige Rute geeignet ist. Ruten der AFTM-Klassen 3/4 oder 4/5 sind beispielsweise für kleinere Bachforellen geeignet, AFTM-Klasse 12 entspricht dem Wurfgewicht einer schweren Lachsrute.

Bauweise:

Nach dem Siegeszug der Teleskoprute in den sechziger/siebziger Jahren auf dem europäischen Kontinent (in England, dem anglerisch höchstentwickelten Mutterland des modernen Angelns, hat sie sich niemals durchsetzen können), haben sich mittlerweile die Nachteile der Teleskopbauweise und die Vorteile des Steckrutenprinzips deutlich herausgestellt. Während Teleskopruten für die unspezifische „Sonntagsangelei“ bei uns noch weit verbreitet sind, werden von allen engagierten und ehrgeizigen Anglern mit gewissem Anspruch ausschließlich Steckruten verwendet, die jeweils nach neuestem Stand der Erkenntnis soweit wie möglich an eine bestimmte Angelmethode oder Leistungsklasse, bzw. Fischart angepaßt sind. Dabei spielt der unbestreitbare ästhetische Reiz, der in jeder hochwertigen Steckrute liegt, nicht einmal die Hauptrolle. Der Grund dafür liegt in den Eigenschaften:
Steckruten bieten bei geringerem Blankdurchmesser weniger Luftwiderstand beim Werfen und im allgemeinen durch ein Minimum an Materialeinsatz ein geringeres Gesamtgewicht (als Ausnahmen gibt es dank besonders hochwertiger Materialien auch einige ungewöhnlich leichte Teleskopruten). Sie entwickeln eine straffe und schnelle Aktion, die besonders beim Fliegenwerfen und beim Spinnangeln von großem Vorteil ist. Die Würfe lassen ein

Steckverbindungen: links Überschub, rechts Zapfen

höheres Maß an Präzision zu und die optimale Anzahl und Verteilung der Ringe ermöglicht der Rute bei bestmöglichem Biegeverlauf die ideale Kraftausnutzung und Übertragung auf den Fisch.

Teleskopruten sind zwar praktisch im Transport, aber es sollte klar sein, daß eine Angelrute nicht entwickelt wurde, um sich gut transportieren zu lassen, sondern um gut Fische zu fangen. Es käme ja wohl auch niemand auf die Idee, nach teleskopierbaren Langlaufskiern oder Windsurfbrettern zu fragen, weil sich das doch handlicher transportieren ließe! Wer seinen Sport auf bestmögliche und effektivste Weise ausüben will, nimmt die Anforderungen, welche der Gerätetransport mit sich bringt, klaglos auf sich – beim Angeln, wie bei jeder anderen Sportart auch!

Problematisch sind die abweichenden Durchmesser der einzelnen Teile, die nötig sind, um ineinander zu passen. Und die Bauweise läßt am Ende jedes Teils nur einen Ring zu, der nicht angebunden werden kann, sondern mit einem Röhrchen auf den Blank geklebt werden muß. Statt sich gleichmäßig zu verjüngen, ist der Blank in viele kurze Stücke geteilt, die sich stufenförmig aneinanderreihen. Die dadurch weniger straffe Aktion führt zu mehr Schwabbeligkeit und weniger präzisen Würfen. Allerdings gibt es eine Situation, in der auch ein Spezialist zu einer kurzgeteilten Rute greifen wird: auf einer Flugreise mit ihrem eingeschränkten Gepäckvolumen!

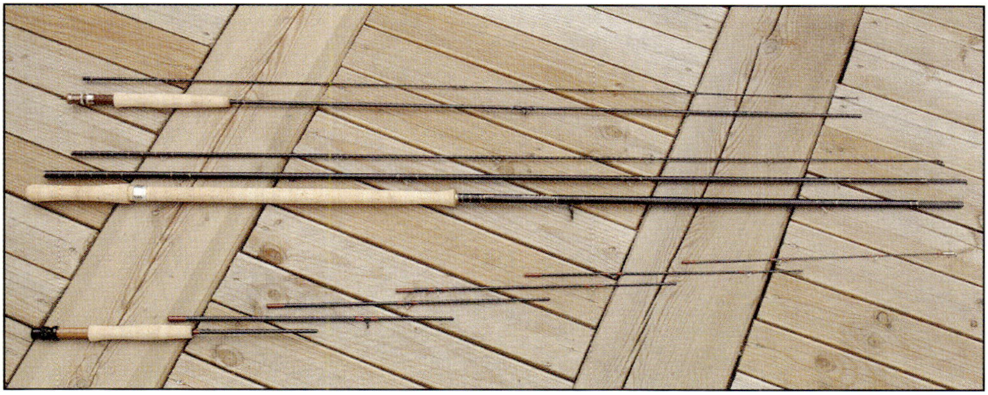

Fliegenruten: leichte Forellenrute, schwere Lachsrute, mehrfach geteilte Luxusreiserute

Fliegenruten

Die Fliegenrute ist an ihrem typischen Erscheinungsbild zu erkennen: am unteren Ende des Handteils angebrachter Rollenhalter und damit nach unten verlagerter Schwerpunkt zur Entlastung des Handgelenks. Da sie stundenlang in Bewegung gehalten wird, ist geringes Gewicht entscheidend. Kohlefaser ist leicht, belastbar bei höchster Elastizität und Schnellkraft und läßt bei der Verarbeitung eine exakte Dosierung der Aktion zu. Kohlefaser ist also das ideale Material einer guten Fliegenrute. Während die älteren Glasfiberruten eine relativ weiche, parabolische Aktion mit weichem Anhieb und guter Dämpfung der Fischfluchten besaßen, haben die modernen Kohlefaserruten generell eine straffere, schnelle Aktion. Einen guten Kompromiß zwischen Wurfgenauigkeit und Nachgiebigkeit im Drill bietet die semiparabolische Aktion.Das Handteil besteht aus Kork und kann zwei grundsätzliche Formen aufweisen: die sich nach vorn verjüngende Zigarrenform (auch als Reverse Half Wells bezeichnet) und American Standard (auch Wells oder Full Wells) mit einem Wulst am vorderen Ende. Diese Formen sind an die beiden möglichen Griffhaltungen angepaßt, die beim Werfen der Fliegenrute üblich sind. Die Zigarrenform unterstützt die sogenannte „Zeigefingerhaltung“, bei der der ausgestreckte Zeigefinger oben auf dem Kork liegt. Diese Haltung erlaubt eine sehr genaue Führung der Rute, eignet sich aber nur für Schnüre bis Gewichtsklasse AFTM 7, da die volle Last auf dem Finger ruht. Der American Standard ermöglicht die stabilere „Daumenhaltung“, die mit festem Griff die sichere Führung auch schwerer Schnüre erlaubt.

Die Kraft der Rute muß für ein optimales Verhältnis beim Wurf dem Gewicht der Schnur entsprechen. Das ideale Wurfgewicht ist oft als Doppelwert auf der Rute angegeben: z.B. AFTM 4/5 für eine leichte Äschenrute oder AFTM 6/7 für eine mittlere Forellenrute. Ruten mit Angabe eines Doppelwertes werfen oft besser mit einer Schnur des niedrigeren Gewichtes, also mit Gewichtsklasse 4 bei der Rute 4/5. Da dies allerdings nicht bei allen Ruten so ist, sollte es bei der Wahl der Rute getestet werden. Für einen Angler, der seine erste Rute kauft, wäre ein Fachgeschäft mit verbürgt kompetenter Beratung aufzusuchen. Ruten bis AFTM 10 werden als Einhandruten gebaut, da sie für leichtgewichtigere Beute ausgelegt sind. Schwere Modelle sind als Lachsruten für den zweihändigen Einsatz ausgelegt: unter der Rolle erlauben sie durch Stecken oder Schrauben den Ansatz einer Griffverlängerung, die als „Fighting Butt", also Kampfgriff, bezeichnet wird. Für das leichte Fliegenfischen auf Forellen und Äschen mittlerer Größe werden Ruten der Klassen 4 bis 7 eingesetzt. Da dies die Fische sind, mit denen es der Angler am häufigsten zu tun haben wird und da es sich als Anfänger mit einer leichten Ausrüstung einfacher lernen läßt, sollte die erste Rute in diesem Bereich liegen. Später, nach ausreichend eigener Erfahrung und Kenntnis, kommt eine Zweitrute in Betracht, die bis zu 3 Klassen stärker sein darf, also AFTM 7 bis 10, um es auch mit größeren Fischen aufnehmen zu können.

Zigarrenform für Zeigefingerhaltung und American Standard für Daumenhaltung

Einhandruten sollten nicht länger als 2.80 m sein, um Kopflastigkeit zu vermeiden. Schwere Zweihand-Lachsruten werden bis zu einer Länge von 14 Fuß eingesetzt (z.B. in Schottland oder Irland), können aber im Extremfall für sehr große Flüsse bis über 5 m lang sein (wie in Norwegen). Grundsätzlich gilt, daß etwas länger eher günstig ist, da sich der Anhieb dosierter setzen läßt und Ufervegetation sicherer überworfen werden kann. Und Trickwürfe gelingen mit einem längeren Hebel ebenfalls besser. Kurze Ruten um 2 m Länge sind in Fachkreisen als „Tunnelstachel" bekannt. Sie werden in den leichten AFTM-Klassen in kleinen Gewässern mit starker Ufervegetation eingesetzt, wo das Werfen einer längeren Rute behindert ist. Kurzgeteilte Reiseruten

Spinnruten: leichte Blinkerrute mit hochbeinigem Führungsring für Stationärrolle und Rute für schwere Kunstköder mit Beringung für Multirolle (kürzere Ringstege)

mit 6 bis 7 Teilstücken zum Stecken haben eine straffe und kräftige Aktion und bedeuten eine sehr brauchbare Alternative für Angler, die nicht in der Salmonidenregion wohnen und nur bei Reisen Gelegenheit haben, ein Salmonidengewässer zu besuchen. Und auf jeden Fall sind sie einer Teleskoprute für diesen Zweck vorzuziehen!

Es ist empfehlenswert, sich schon bei der ersten Rute das beste Stück zu kaufen. Lieber eine gute als zwei Ruten eingeschränkter Qualität, weil kaum zu befürchten ist, daß bei jemandem, der einmal mit dem Fliegenfischen begonnen hat, diese Leidenschaft bald erkalten könnte und auch weil eine Rute miserabler Qualität bald mit den wachsenden Fähigkeiten des Anglers an ihre Leistungsgrenze kommt und nicht mehr befriedigt, wodurch dann ein Neukauf zwingend würde!

Spinnruten

Auch bei der Spinnrute sind Zielgenauigkeit, Wurfdistanz und möglichst geringes Gewicht entscheidend – stundenlang wird sie in Bewegung gehalten, um die Kunstköder auszuwerfen und mit möglichst geschickter Führung wieder einzuholen. Hochwertige Spinnruten werden daher aus Kohlefaser hergestellt. Wegen der hohen Belastung durch Schnurreibung ist es wichtig, daß die Rute mit Ringen guter Qualität, also glatten und harten, schnurschonenden Einlagen ausgestattet ist – mindestens Aluminium-Oxyd, aber besser noch Silicon-Carbid (SiC).

Wegen der besseren Köderführung geht der Trend in Mitteleuropa wieder zu längeren Ruten von 2.50 m bis 3 m, während in Skandinavien und Amerika immer noch überwiegend Rütchen von

Posenruten: Kopfruten (Stippen) in Teleskop- u. Steckbauweise, Matchruten 13 Fuß Glas und 14 Fuß Kohlefaser, Bolognarute 7 m

1.80 m bis 2 m eingesetzt werden. Ein guter Kompromiß ist eine Länge von 2.75 m. Die Aktion von Spinnruten kann sehr unterschiedlich ausfallen: eine straffe Spitzenaktion erlaubt, einen schnellen, kräftigen Anhieb zu setzen, birgt aber das erhöhte Risiko, daß der Fisch im Drill ausschlitzen kann. Daher werden diese Ruten eher für erfahrene Angler empfohlen. Eine etwas weichere, nachgiebige Aktion verzeiht eher Fehler im Drill und verhindert den Verlust des Fisches.

Für den Anfänger empfiehlt sich eine Rute mit einer Länge von ca. 2.20 m und einem Wurfgewicht bis 30 g, die ihm das Lernen erleichtert. Später wird ihm diese Rute auch weiterhin dienen, wenn er an den Barschbergen gezielt Jagd macht auf Barsche oder Zander, die feines Geschirr erfordern.

Als zweite Rute wird er sich ein Stück mit 2,75 m Länge und bis 50 oder 60 g Wurfgewicht zulegen, das ihm die Jagd mit großen Wobblern auf Hechte oder auch auf Meerforellen erlaubt.

Posenruten

Kopfrute (Stippe):
Die Stippe wird mit einer an ihrer Spitze fixierten Schnur gefischt, die nur wenig länger ist als die Rute selbst. Auf der Schnur sitzt die Pose, die es ermöglicht, den Köder in der Strömung treiben zu lassen und gleichzeitig als Bißanzeiger dient. Seit Urzeiten aus Haselnußstecken oder Bambusrohr zum Fischfang genutzt, ist die Stippe heutzutage durch den Einsatz der Kohlefaser und moderne Rutenbautechnologie zu einem Präzisionswerkzeug geworden, dessen Länge mittlerweile bis zu 15 m erreicht.

Allerdings ist das Fischen mit solchen

für den Wettkampf entwickelten Hochleistungsgeräten der „Profis" ein kunstvoller, nur durch entsprechend lange Praxis erlernbarer und trotz modernster Leichtbauweise auch anstrengender Akt. Für den Freizeitangler besteht keine Notwendigkeit, sich einer dermaßen anstrengenden Übung zu unterziehen – er wird sich je nach dem Preis, den er bereit ist, zu investieren und dem Gewässer, das er beangelt, mit einer Rute zwischen 7 und 11 m anfreunden.
Sehr lange Kopfruten kosten ein kleines Vermögen und es ist zu überlegen, ob es nicht lohnenswerter wäre, sich eine kürzere und vielseitigere Matchrute anzuschaffen. Sie erlaubt durch ihre Rolle das Fischen in unterschiedlichen Distanzen und kostet selbst in bester Qualität nur einen Bruchteil der teuren Kopfruten! Die hohen Kosten einer guten Kopfrute erklären sich aus der Notwendigkeit, durch die Verwendung von hochwertigen und extrem leichten Fasern wie Carbon, Kevlar oder Boron eine steife Rute mit schneller Spitzenaktion, aber dennoch elastischem Spitzenteil bei möglichst geringem Rutengewicht zu erreichen. Denn der Anschlag soll ohne Schnurbruch sicher und schnell über die meist extrem feine Schnur bis zu dem winzigen, feindrähtigen Haken durchgebracht werden.
Natürlich gibt es auch preiswerte Stippen, deren Verwendung aber wegen ihres höheren Gewichts und der nicht zu verhindernden Schwippigkeit nur bis 8 oder 9 m sinnvoll erscheint.
Die Auswahlkriterien bei der Anschaffung einer Kopfrute sind also: möglichst leicht und möglichst steif. Während sich bei kürzeren Stippen bis 6 m die praktische Teleskoprute behaupten kann, ist bei größeren Längen eine Steckrute sinnvoll, da sie sich durch Abnahme, bzw. Aufstecken einzelner Teile in der Länge variieren läßt und zudem leichter und steifer ist.

Englische Posenrute:
Als Bezeichnung für diese Rutenart hat sich der Begriff Matchrute durchgesetzt. Die klassische Matchrute wird in den Standardlängen 12, 13 und 14 Fuß angeboten, es werden inzwischen aber als Verbindung aus kontinentalen und englischen Angelmethoden auch Ruten bis zu 20 Fuß Länge hergestellt, mit denen sich größere Gewässer beangeln lassen.
Diese Ruten sind eng mit kleinen, hochstehenden Ringen besetzt und mit zwei Schubringen wird eine kleine „Matchrolle" befestigt.
Man unterscheidet Wagglerruten und Stickruten, die sich in ihrer Aktion voneinander unterscheiden. Die Wagglerrute ist 13 Fuß lang mit einer semiparabolischen Aktion und wird im Stillwasser mit einer Wagglerpose gefischt. Ihre weichere Aktion erlaubt, bei feiner Schnur dosiert und gefühlvoll einen schnellen Anhieb zu setzen, ohne das Vorfach zu sprengen.
Die Stickrute wird dagegen im Fließ-

wasser eingesetzt, um eine Pose (englische „Sticks") in der Strömung abwärts treiben zu lassen. Um eine gute Posenführung und direkten Kontakt zum Haken zu ermöglichen, ist die Aktion steif und spitzenbetont. Während in kleinen Gräben eine Länge von 12 Fuß ausreicht und die Standardlänge von 14 Fuß das Befischen von kleineren Flüssen und Kanälen erlaubt, werden in breiteren Gewässern Ruten bis 20 Fuß eingesetzt, die eine präzise Kontrolle der Pose auf größere Distanz beim Fischen in einer entfernteren Futterspur und bei längeren Driften ermöglichen.

Moderne Matchruten werden aus höchstentwickelten Leichtgewichtsfasern hergestellt und können je nach Güte der Ausstattung ziemlich teuer sein. Aber gerade bei den kürzeren Matchruten bis 14 Fuß gibt es eine so große Auswahl, daß es ohne weiteres möglich ist, eine sehr brauchbare Rute auch für wenig Geld zu finden, die einem Anfänger über einige Jahre Freude bereiten wird. Mehr Länge erfordert mehr Qualität und folglich auch höhere Kosten, da die Rute leicht und steif sein sollte. Aber eine Matchrute von mehr als 15 Fuß wird sich ohnehin nur der Fortgeschrittene mit einiger Praxis zulegen, wenn sie aufgrund der Gewässergröße notwendig wird.

Bolognarute:

Diese italienische Spezialistenrute für das Fischen mit feinsten Wettkampfposen wird im Fließwasser eingesetzt. Eine Länge von 5 bis 7 m gilt als Standardlänge, aber für größere oder sehr tiefe Gewässer werden auch Stücke bis 10 m angeboten. Die Bolognarute ähnelt in ihrem Aufbau der Kopfrute: möglichst leicht und feinfühlige Spitzenaktion bei extrem steifem Rückgrat. Sie unterscheidet sich von der Stippe durch die Beringung und den Klapprollenhalter, wodurch die Verwendung einer Rolle ermöglicht wird. Üblich sind bei hochwertigen Stücken angebundene SiC-Einstegringe – Tubenringe sind ein Merkmal geringerer Qualität. Um das Maximum aus der Spitzenaktion herauszuholen, können auf den zwei obersten Rutenteilen zusätzliche Schieberinge sitzen, welche die Schnur sauber dem Biegeverlauf der Spitze folgen lassen.

Traditionell werden die Bolognaruten in Teleskopbauweise gefertigt. In jüngster Zeit sind einige Steckruten bis 6 m entwickelt worden, die ohne weiteres an die Qualität der italienischen Originale herankommen. Wegen der erforderlichen Merkmale – leicht und steif - ist die Entwicklung und Herstellung aus den besten Materialien sehr teuer. Die Anschaffung eines solchen Stückes ist dadurch recht kostspielig, aber Nutzen und Qualität rechtfertigen die Investition.

Winklepicker mit Wechselspitzen, Quivertip, Feederrute und Schwingspitzrute mit Schwingspitze

Bodenbleiruten (Grundruten)

Zitterspitzrute:
Zitterspitzruten für das leichte Grundangeln, zu denen der Winklepicker, die Quiverrute und die Feederrute gehören, sind 9, 10 oder 11 Fuß lang bei sehr schneller Aktion, um einen rasanten Anhieb setzen zu können. Sie sind mit einem eingebauten Bißanzeiger ausgestattet: die sensible, weiche Spitze zeigt jeden Zupfer deutlich an. Bei schlechtem Wetter mit Wind und Regen stellen sie außerdem eine interessante Alternative dar zu der Posenrute, die sich dann nur noch mit Anstrengung einsetzen läßt.
Winklepicker bieten drei bis vier unterschiedlich steife Wechselspitzen, die in das obere Rutenteil eingesteckt werden und mit denen sich die Bißanzeige unterschiedlichen Strömungsverhältnissen von Stillwasser bis zu stärkerer Strömung anpassen läßt. Quiverruten sind dagegen mit fest eingeklebter Spitze versehen und besitzen so eine gleichmäßig durchgehende Aktion. Da sich die Spitzen nicht wechseln lassen, muß die Rute durch ihren Aufbau, bzw. den Schnurwinkel und durch mehr oder weniger straffe Schnur zwischen Spitze und Bodenblei dem Druck der Strömung angepaßt werden (siehe Kapitel: Fischen mit Zitter- und Schwingspitze). 9 Fuß-Ruten sind für das Fischen auf kleinere Beute ausgelegt, die etwas kräftigeren 10 Fuß-Modelle lassen das Befischen von mittelgroßen Brassen zu. Feederruten sind meist 11 Fuß lang und ihr Blank mit 1.25 lb Testkurve zeigt ihre größere Belastbarkeit. Sie sind in der Lage, schwere Feeder (Futterkörbchen) sehr weit zu werfen und stärkere Gegner wie z.B. Barben zu bezwingen. Der große Vorteil des Fischens mit Futterkörbchen liegt darin, daß der Hakenköder stets in unmittelbarer Nähe zum Futter liegt, von dem ein stärkerer Reiz ausgeht als vom einzelnen Köder, und daß die Fische dadurch angelockt und zum Hakenköder geführt werden.

Schwingspitzrute:
Diese Rute besitzt ebenfalls einen extrem sensiblen externen Bißanzeiger, der jedoch über einen speziellen Endring mit Gewindetube in die Rutenspitze geschraubt wird. Je nach Wurfentfernung und Gewässertiefe werden unterschiedlich lange Schwingspitzen eingesetzt (näheres siehe Absatz Bißanzeiger: Schwingspitze). Verschiedene Spitzen und Gummiverbinder zwischen Rute und Schwingspitze helfen, die wechselnden Verhältnisse zu meistern, die der Angler an seinem Gewässer vorfindet.
Eine Länge von 9 bis 10 Fuß gilt als Standard, wobei kräftigere 11 Fuß-Ruten mit schweren Futterkörbchen gefischt werden können. Die Aktion sollte eher spitzenbetont sein, um den Anhieb über die Trägheit der Schwingspitze ausreichend schnell setzen zu können.
Als Besonderheit unter den Spezialistenruten, die sonst nur eine Technik der Anwendung auf optimale Weise zulassen, können Schwingspitzruten auch als allgemeine Grundrute (Legerrute), unter anderem für das Zanderfischen verwendet werden. Deshalb werden sie häufig auch als Legerruten in den Katalogen geführt. Als Allroundrute für Einsteiger in das feine Bodenbleiangeln ist sie daher unbedingt zu empfehlen!
Im Handel werden Quivertips (Winklepickerspitzen) mit Gewinde angeboten, die sich als Alternative zur Schwingspitze auf die Rute schrauben lassen. Diese Spitzen sind allerdings nur wenig mehr als ein Notbehelf, da sie nicht mit der Aktion der Rute zusammenpassen und niemals die gewünschte Einheit mit ihr bilden. Da sie billig sind, können sie für einen preisgünstigen Test benutzt werden, falls eine Schwingspitzrute bereits vorhanden ist und man herausfinden will, ob es lohnenswert wäre, sich zusätzlich eine Quiverrute anzuschaffen (was sich unbedingt lohnt, da sie so vielfältig einsetzbar und erfolgreich ist).

Specimenruten

„Specimen" heißt frei übersetzt soviel wie „großer Fisch" und Specimenruten wurden für das gezielte Angeln auf große, starke Fische wie Barben, Karpfen oder Hecht entwickelt. Sie werden von 10 bis 12 Fuß, in Extremfällen auch bis 13 Fuß Länge und aus allen üblichen Materialien gebaut: Glasfiber mit sensibler Spitze für den Nahbereich, Kohlefaser mit ihrer straffen Aktion als verbreiteter Standard und gespließt für den Liebhaber. Die Handteile werden in einem Stück durchgehend aus Kork oder zweigeteilt aus Duplon hergestellt. Leichte Ruten mit 1.25 bis 1.5 lb Testkurve finden ihren Einsatz beim Barben- oder Zander-, Schleien- oder Döbelfischen. 1.75 bis 3 lb Test ist der Bereich der inzwischen äußerst beliebten und bekannten zweiteiligen Karpfenruten und für ähnlich kampf-

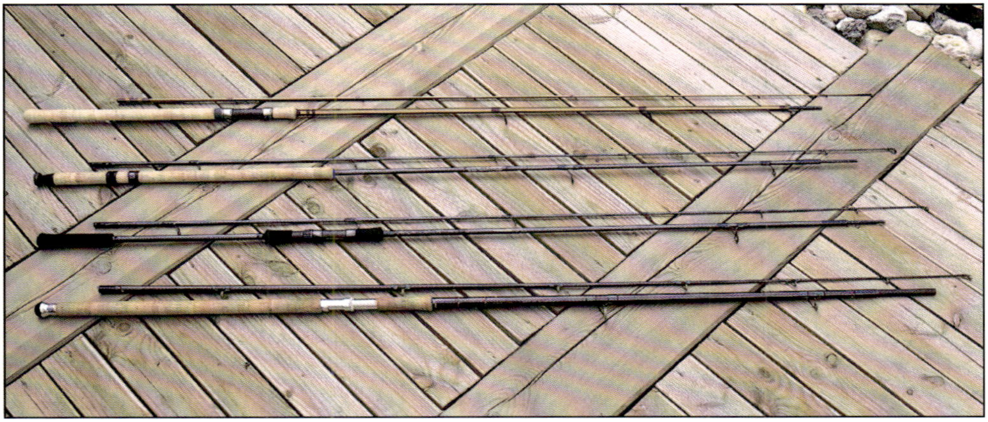

Specimenruten: Glasfiber-Avon, Barbenrute mit 1,5 lb Test, Karpfenrute, Raubfischrute

starke Fische wie den asiatischen Grasfisch. Ruten ab 3 lb werden für starke Raubfische wie Hechte, ab 4 lb für Waller eingesetzt.

Als Spezialistenruten haben sich bestimmte, traditionelle Rutentypen mit ihrem Namen etabliert, die zu kennen nicht schaden kann: eine Avon ist eine zweiteilige, leichte Legerrute (Leger = Bodenblei) mit 1 bis 1.25 lb Test und 10 Fuß Länge und ist heute meistens mit einem Gewindeendring für Schwingspitzen ausgestattet. Sie wird auf mittelgroße Beute eingesetzt. Eine Trotter als Nachfolger der berühmten gespließten Bambusrute Kennet Perfection ist immer dreigeteilt: eine Teilung liegt direkt über dem Korkhandteil, die zweite in der Mitte des Blanks. Ihre Testkurve beträgt 1.25 lb Test bei einer Länge von 11,5 bis 12 Fuß. Die aus Glasfiber gefertigte und dennoch leichtgewichtige Trotter stellt eine äußerst empfehlenswerte Allroundrute dar. Sie wird mit Pose oder leichtem Bodenblei, bzw. Futterkörbchen auf große Rotaugen oder Brassen, aber auch Barben, Schleien und Döbel eingesetzt.

Rollen

Fliegenrolle:

Aufgabe der Fliegenrolle ist es, die überschüssige Schnur und Nachschnur, die beim Drill eines starken Fisches als Schnurreserve dient, das sogenannte „Backing", aufzunehmen. Die Rolle besteht aus einer auf den Rollenfuß montierten Grundplatte, dem Käfig, der je nach Modell offen oder geschlossen sein kann und aus der Spule. Eine Übersetzung besitzen nur wenige Modelle. Da sie leicht sein muß, werden hochwertige Modelle aus moder-

Fliegenrolle

nen High-Tech-Materialien wie verschiedenen Kohlfaserverbindungen, Aluminium, Titan und Magnesium gebaut. Eine Bremse ist nur selten nötig, da sich die meisten Fische mit der Schnurhand halten lassen. Daher wird beim Kauf oft empfohlen, darauf zu verzichten. Aber wenn sie gebraucht wird, hängt der „Fisch des Lebens“ am anderen Ende der Leine und es ist zu bedenken, ob der (kräftige) Mehrpreis für ein zuverlässiges, ruckfreies Bremssystem nicht doch lohnend wäre.
Auch bei den Rollen ist die AFTM-Klasse angegeben, sodaß es keine Schwierigkeit bereitet, zur Rute die passende Rollengröße zu finden. Eine Besonderheit sind die automatischen Fliegenrollen, die durch einen eingebauten Federmechanismus die freie Schnur aufspulen. Ihr goßer Nachteil ist das zu hohe Gewicht, weshalb man ihnen in der Hand von Könnern kaum begegnen wird.
Praxistip für die Füllung mit Fliegen- und Nachschnur: zuerst die Fliegenschnur aufspulen, dann Backing anknoten und füllen bis kurz unterhalb der Käfigstege. Dann die gesamte Füllung abnehmen und mit dem Backing voran wieder aufspulen – so wird die richtige Füllmenge gefunden.

Centrepin:
Die älteste Rollenart, aus der dann später die Fliegenrolle entwickelt wurde, ist die Centrepinrolle (Achsenrolle), bei der ebenfalls die Spule auf einer Mittelachse im Zentrum der Grundplatte sitzt. Je nach Ausstattung bietet sie eine stufenlos regulierbare Schnurhemmung und eine Knarre, die als Bißanzeiger bei kräftigen Bissen dienen kann. Darüber hinaus ist die Knarre ein wertvolles Merkmal, da sie beim Aufstecken eines neuen Köders auf den Haken verhindert, daß das Gewicht der dabei herabhängenden Montage Schnur von der Spule zieht und es dabei zu lästigen Schnurverwicklungen kommt.
Moderne Centrepins sind kugelgelagert, während Kenner allerdings den seidenweichen und geräuschlosen Lauf der ungelagerten älteren Spulen schätzen. Und wenn die ungelagerte Rolle nach einiger Zeit eingelaufen ist, läuft sie ebenso leicht wie die kugelgelagerte Ausführung. Während die Centrepin eine Zeitlang von der komfortableren Stationärrolle verdrängt war, besinnen sich mehr und mehr Spezialisten der Vorzüge (und Schönheit) dieser Rolle, sodaß man ihr inzwischen wieder häufiger begegnet. Beim Posenfischen in

Centrepinrolle und Wenderolle

der Strömung bietet sie den Vorteil, daß der Druck des treibenden Wassers gegen den Posenkörper die Spule zum Drehen bringt und so automatisch Schnur abgezogen wird, wobei zu jeder Zeit der direkte Kontakt zur Pose für einen schnellen Anhieb gegeben ist. Die 1 : 1 Übersetzung sorgt für eine direkte und unmittelbare Verbindung zum Fisch und damit natürlich auch für eine optimale Reaktion auf dessen Fluchten – der Drill eines schweren Gegners wird so zum unvergeßlichen Erlebnis.

Wenderolle:

Die Wenderolle ist eine spezielle Spielart der Centrepin. Sie ist am Rollenfuß drehbar und erlaubt mit quergestellter Spule wie die Stationärrolle Würfe auf große Distanz.

Nach dem Wurf wird sie in die Grundstellung zurückgedreht und so gefischt wie eine starre Centrepin. Wenderollen sind zwar nicht von so großer Schönheit und handwerklicher Güte wie typische Achsenrollen, sind dafür allerdings wesentlich leichter. Die Schweizer benutzen sie beispielsweise, um mit einer 10 g Pose in der Mitte des rasant strömenden Rheins zu fischen.

Stationärrolle:

Der am leichtesten zu benutzende und daher am weitesten verbreitete Rollentyp ist die Stationärrolle, bei der für den Wurf der Bügel umgelegt werden muß. Während diese Rollen früher aus Metallteilen gebaut wurden, werden heute meist moderne Leichtbaumaterialien verwendet. Sie halten das Gewicht niedrig, wobei Verbindungen aus Carbon und Titan besonders stabil sind. Kernstück der Rolle ist ihr Getriebe, das mit seiner Übersetzung eine größere Schnuraufnahme pro Kurbelumdrehung beim Einholen der Schnur ermöglicht. Eine Rolle guter Qualität besitzt ein feinverzahntes Getriebe aus Bronze oder Messing und Edelstahl. Die Übersetzung kann z.B. für das Fischen mit Matchruten, das schnelles Einholen erfordert, über 6 : 1 und bei Spinnrollen für langsame Köderführung nur ca. 4 : 1 betragen, wobei große Rollen trotz geringerer Übersetzung dank ihrem größeren Spulendurchmesser mehr Leine pro Kurbelumdrehung aufnehmen als kleine.

Bei modernen Rollen kann die Kurbel für Rechts- und Linkshandbetrieb umgesteckt werden. Bei hochwertigen Rollen sind alle wichtigen beweglichen Teile kugelgelagert – ein Qualitätsmerkmal, das auf Langlebigkeit deutet.

Stationärrollen mit Kopf- und Heckbremse

Wichtig zur Schonung der Schnur ist ein leicht drehendes Schnurlaufröllchen, das bei guten Rollen ebenfalls kugelgelagert ist. Moderne Rollen für das Distanzfischen besitzen hohe, konische Weitwurfspulen mit dickem Kern. Sie werfen sehr weit und der aufwendige Hubmechanismus sorgt für gleichmäßige Schnurverteilung.

Rollen mit Kopfbremse erlauben eine stufenlos dosierte Verstellung der Bremswirkung über die griffige Schraube am Spulenkopf und entlasten das Getriebe, da die Bremse nicht über das Getriebe läuft. Daher sind sie insgesamt langlebiger, zuverlässiger und auch kraftvoller.

Rollen mit Heckbremse sind komfortabel in der Bedienung, ihr Getriebe wird jedoch durch die Bremse ständig belastet – sie unterliegen daher stärkerem Verschleiß. Dies ist der Grund, daß heute wieder mehr Rollen mit Kopfbremse angeboten werden als noch vor wenigen Jahren, wo die Heckbremse die Konkurrenz fast verdrängt hatte.

Beim Karpfenangeln sind Rollen mit regulierbarem Freilaufsystem Standard geworden, die dem Fisch erlauben, bei geschlossenem Bügel Schnur abzuziehen, wobei mit einer halben Kurbelumdrehung oder nach dem Umlegen eines großen, sinnvoll plazierten Hebels sehr schnell der Anhieb gesetzt werden kann. Zwar sind diese Freilaufrollen in ihrer Konstruktion kompliziert und daher anfälliger und leiden schneller unter Materialermüdung, ermöglichen aber sehr komfortables und sicheres Befischen von hart zugreifenden Fischarten, ohne daß die Rute in das Wasser gerissen wird.

Praxistip für die Schnurfüllung: die Spule sollte nicht völlig bis zum Rand gefüllt werden, sondern nur bis etwa 1 mm unterhalb des Randes, um Ärger durch unfreiwilliges Schnurabspulen und Perückenbildung bei den Würfen zu vermeiden

Kapselrolle:

Eine sehr komfortabel zu bedienende Spezialität ist die heute selten geworde-

Kapselrolle

ne geschlossene Kapselrolle, bei der die Spule durch ein glockenartiges Gehäuse geschützt ist.
Bei den Matchanglern war sie früher allgemeiner Standard. Heute ist sie nur noch in den Händen von Spezialisten zu sehen, die ihre Qualitäten zu schätzen wissen.

Multirolle:
Die Multiplikatorrolle ist eine Art Centrepin, der man eine Getriebeübersetzung gegeben hat. Sie bietet ein Maximum an Robustheit und Kraftübertragung und kommt deshalb überall dort zum Einsatz, wo es der Angler mit außergewöhnlich starken Gegnern zu tun hat.
Ihre Herkunft von der alten Centrepinrolle läßt die mit einem Höchstmaß an technischer Raffinesse ausgestattete Multirolle kaum noch ahnen: so findet man Freilauf, Schleif- und Magnetbremse und eine auskuppelbare Schnurführung bei den führenden Modellen.
Obwohl der Umgang wegen der Gefahr des Überdrehens der Spule beim Werfen und der zwangsläufig daraus folgenden Perückenbildung vor dem Fischen trainiert werden will, hat sich die Multirolle dank ihrer hohen Qualität und der guten Wurfeigenschaften, die sie entfaltet, sobald man den Umgang beherrscht, neben den hochentwickelten Stationärrollen ihren Platz gesichert.
Eingesetzt wird sie beim Angeln auf Raubfische – sowohl mit Naturködern, als auch beim Schleppfischen. Ihre größte Domäne ist jedoch das Fischen mit Kunstködern. Beim Spinnfischen werden kleinste Rollen mit feinen Schnüren und leichten Ködern bis zu schweren Rollen für die Meeresangelei eingesetzt. Beim Big Game auf Thun, Marlin oder Hai ist die Multi ohnehin ohne Konkurrenz, da kein anderes System diese extremen Belastungen überstehen würde.
Ein nicht zu unterschätzender Vorteil ist neben der ungewöhnlich fein dosierbaren Bremse die bauartbedingte günstige Schnurfassung, die dazu führt, daß eine Multirolle bei gleicher Schnurfassung deutlich kleiner und entsprechend leichter ist als eine vergleichbare Stationärrolle.
Dazu kommt, daß sie die Schnur beim Drill sehr schonend behandelt, da diese frei von der Spule laufen kann, ohne über ein Röllchen umgelenkt werden zu müssen, und vor allem nicht verdrallt.
Viele Modelle werden in Ausführungen für Links-, wie auch für Rechtshänder

Multirollen: leichtes Modell zum Blinkern, großes Modell zum schweren Raubangeln

gebaut, wobei der Rechtshandbetrieb internationaler Standard ist und ein Angler, der Wert darauf legt, auf der internationalen Sportfischerbühne nicht mit dem Anfängerbonus bedacht zu werden, wird sich so schnell wie möglich die Rechtshändigkeit zur Gewohnheit machen. Wobei allerdings nicht verheimlicht werden darf, daß dies eines der Dinge ist, die jeden praktischen Hintergrund vermissen lassen – es ist eben einfach so. Punktum!

Schnüre

Fliegenschnur:
Das Wurfgewicht des Fliegenfischers ist die Schnur, da keinerlei Beschwerung, sondern nur die leichte Fliege an der Leine hängt. Deshalb ist das Gewicht von Klasse zu Klasse steigend in die Schnur eingebaut.
Zunächst ein Blick auf die Etiketten der verschiedenen Schnurarten und ihre verschlüsselten Angaben:

Schnüre: geflochtene Fireline, Monofil, geflochtene Dyneema, Flugschnur, 25 m Spulen Vorfachschnur

Das mag für den Anfänger verwirrend klingen, aber die Wahl der ersten Schnur steht erfreulicherweise fest und alles weitere ergibt sich aus der späteren eigenen Praxis und den speziellen Verhältnissen am jeweiligen Gewässer. Die Allroundschnur des Flugfischers und

Fly Line (Fliegenschnur)
DT (Double Taper = beidseitig verjüngt), WF (Weight Forward = Keulenschnur) oder ST (Shooting Taper = Schußkopf)
AFTM 1 bis 12 (Gewichtsklasse 1 bis 12)
F (Floating = Schwimmend), I (Intermediate) oder S (Sinking = Sinkend).
Die sinkenden Schnüre gliedern sich in:
1. Sink Tip = Sinkende Spitze, bei der nur das vordere Ende sinkt und der Rest der Schnur schwimmt, 2. Intermediate = Neutral: schwebt schwerelos unter der Oberfläche, 3. Slow Sinking = langsam sinkend und 4. Fast Sinking = schnell sinkend.

erste Schnur für den Anfänger ist eine schwimmende DT und passend zur ersten Rute eine AFTM 5 oder 6, also eine Schnur mit den Etikettenangaben DT 5 F: beidseitig verjüngte, schwimmende Schnur in der Gewichtsklasse 5. Die DT-F ist die vielseitigste Schnur und sie läßt sich einem breiten Spektrum verschiedenster Verhältnisse anpassen.
Die Farbe der Schnur dient nur dem Angler, um die Schnur bei wechselnden Lichtverhältnissen beobachten zu können. Nach zwei bis drei Angeltagen sollte die Schnur in Fließrichtung eingeworfen und völlig abgespult werden, damit sie in der Strömung ausdrehen kann und der Drall, der sich bei Benutzung nach und nach zwangsläufig bildet, aus der Leine genommen wird.
Es wird gelegentlich behauptet, eine Keulenschnur ließe sich weiter werfen als eine DT – dies stimmt nur für den absoluten Neuling! Schon nach kurzer Zeit (wie nach einem Wochenendseminar in einer Fliegenfischerschule) wirft man die DT ebenso weit und es bleiben nur die Nachteile der WF: das lautere Aufklatschen auf dem Wasser und die geringere Eignung für teils erforderliche Trickwürfe.
Der weitverbreiteten Empfehlung, den hohen Anschaffungspreis der Fliegenschnur zu halbieren, indem man die Schnur wendet und das hintere Ende einsetzt, bevor man eine neue kauft, darf leider nicht gefolgt werden! Im Gegenteil dazu ist vor dieser Praxis zu warnen. Da das hintere Ende selten benutzt wird, ähnelt die Schnur nach einiger Zeit so sehr der Form eines Korkenziehers, daß sie sich kaum noch strecken wird und sie daher unbrauchbar ist. Als weit schwereres Übel lösen sich durch längeren Gebrauch die Weichmacher aus dem PVC – die Schnur wird porös und ein notwendiger Wechsel kündigt sich durch verminderte Schwimmfähigkeit an, da an den brüchigen Stellen Wasser bis in die geflochtene Seele eindringt. Im Inneren der Schnur wandert das Wasser und macht so auch das hintere Ende unbrauchbar. Ein Wenden der Schnur kann allerdings über den Angeltag retten, wenn man am Wasser plötzlich bemerkt, daß die Schnur unbrauchbar geworden und keine Reserveleine zur Hand ist.
Als Nachschnur wird geflochtenes Backing oder eine geflochtene Meeresschnur (Dacron) mit 20 lbs Tragkraft verwendet.

Monofil:
Die Schnur stellt die Verbindung her zwischen dem Haken und der Hand. Ohne Rolle und zur Not auch ohne Rute läßt sich ein Fisch bezwingen – ohne Schnur wohl kaum. Das zeigt, wie wichtig es ist, die richtige Wahl zu treffen und ihr die nötige Aufmerksamkeit und Kontrolle zu widmen.
Die meistverbreitete Angelschnur ist die transparente, monofile, also einfädige Kunststoffschnur. Für die verschiedenen Methoden werden diese

Schnüre in unterschiedlichen Stärken angeboten: Für das Süßwasserangeln von 0.05 mm für feinste Vorfächer bis zu 0.60 mm für schweres Raubfischangeln. Für das Meeresfischen sind stärkere Schnüre im Handel, die gelegentlich auch bei schwerstem Wallerangeln Verwendung finden. Neben der Stärke ist immer auch die Tragkraft angegeben – bei deutschen Schnüren in kg, bei englischen in lbs = englischen Pfund. Es liegt auf der Hand, daß zwischen beiden Werten ein Zusammenhang besteht: je stärker die Schnur, desto höher die Tragkraft. Die Schnurstärke muß zur Gerätekonfiguration passen: zur Rollengröße und zur Kraft der Rute, die sie entfalten kann. Zu leichter Rute und Schnur paßt eine entsprechend kleine Rolle – je stärker die Schnur, desto schwerer das Gerät.

Die Tragkraft der Schnur wird auf die jeweiligen Verhältnisse abgestimmt: Schnüre von 0,05 bis 0,09 mm werden beim leichten Posenfischen in hindernisfreiem Wasser als Vorfächer an feiner Hauptschnur eingesetzt. 0.10 bis 0.16 mm finden für das leichte Friedfischangeln, 0.16 bis 0.20 mm auch schon für leichte Raubfischangelei (Barsch und Zander) ihren Einsatz. Ab 0.20 mm für mittelschweres Fischen (Schleie, Döbel, Barbe, Karpfen) und ab 0.35 mm beginnt der Bereich der schweren Angelei.

Mit Blick auf die Eingangsbemerkung über die nötige Aufmerksamkeit, die der Verbindung zum Fisch gelten sollte, müssen Techniken dringlichst empfohlen werden, die in Deutschland wahrlich nicht verbreitete Praxis sind - wohl aus Bequemlichkeit!

Drei Dinge müssen ständig im Auge behalten werden: 1. Das richtige Kraftverhältnis zwischen Rute und Schnur. Da die Kraft der Rute nicht bekannt ist, muß sie gemessen werden. 2. Die tatsächliche Tragkraft aller Schnüre, die je nach Hersteller unterschiedlich weit vom angegebenen Wert abweichen kann. 3. Den Verlust an Tragkraft, den jede Schnur durch den Alterungsprozeß während der Benutzung erfährt – ein Wert, der nach einiger Zeit gemessen werden muß, um entscheiden zu können, wann er die kritische Toleranz von etwa 2/3 der ehemaligen Tragkraft unterschritten hat.

Es gibt im Angelfachhandel ein sehr praktisches Hilfsmittel, mit dem sich alle diese Werte auf einfachste Art messen lassen: den WAKU-Schnurprüfer, der nach dem Prinzip der Zugwaage mißt, aber den maximalen Zugwert markiert, sodaß er nach jedem Test in Ruhe abgelesen werden kann. Eine ausführliche Bedienungsanleitung liegt dem preiswerten, aber ungewöhnlich nützlichen Gerät bei.

Praxistips zur Anwendung: Die Kraft der Rute wird gemessen, indem eine kräftige Schnur aufgezogen wird. An das Ende eine Schlaufe binden. Schlaufe um den dazu vorgesehenen Zapfen am WAKU-Prüfer legen und die Rute mit fest angedrehter Bremse bis nahezu

zum Maximum ihrer Belastbarkeit biegen. Dazu muß der Prüfer von einer zweiten Person gehalten werden oder in einen kleinen Heim-Schraubstock eingespannt werden, falls so etwas vorhanden ist. Bei dem Meßvorgang wird die Feder der Waage bis zum Maximalwert der Rute gedehnt, der anschließend an der Skala abgelesen und für jede Rute notiert wird.
Dieser Wert zeigt, wie stark eine Schnur sein muß, die zur Kraft dieser Rute paßt – z.B. Zugkraft der Rute 2 kg = Tragkraft der Schnur mindestens 2 kg, also eine Schnur von 0,14 mm Stärke, falls es sich um eine molekularversiegelte Hochleistungsschnur handelt. Zur Sicherheit wird man bei Bedarf um ein bis zwei Schnurstärken erhöhen, z.B. falls Hindernisse in der Nähe Gefahr für die Schnur signalisieren oder falls eine härtere Rute auf größere Entfernung eingesetzt wird, wo sich bei einem starken Anhieb Schnurbruch befürchten läßt. Im offenen Wasser bei vorsichtig beißenden Fischen darf dagegen eine Stärke niedriger eingesetzt werden. Die Tragkraft der Schnüre wird gemessen, nachdem sie 1 Stunde in einem Eimer gewässert wurden (Nässe, also eindringendes Wasser verringert die Tragkraft und jede Schnur wird beim Fischen naß: folglich muß die Schnur naß gemessen werden). Je 1 m aller Schnüre von ihrer Spule ziehen und gleichzeitig wässern (Spulen neben dem Eimer hängen lassen, um jede Schnur noch identifizieren zu können). Dann Schlaufe an jede Schnur knoten und die Tragkraft messen. Zur Sicherheit einen zweiten Test durchführen. Gemessenen Wert auf der Spule notieren. Nach einiger Zeit (spätestens zum Anfang einer neuen Saison) Meßvorgang wiederholen. Ist der Wert unter 2/3 gesunken, Schnur erneuern!
Welche Eigenschaften sollte eine gute Angelschnur besitzen? Gewünschte Merkmale sind: Abriebfestigkeit, gleichbleibender und nicht schwankender Durchmesser, Weichheit und Elastizität, hohe Tragkraft bei geringstmöglichem Durchmesser, Wasserfestigkeit und Oberflächenglätte, höchstmögliche Molekularstabilität ohne „Memory“, wie das heute heißt, also ohne Gedächtnis = die engen Schnurwindungen sollten sich nach dem Abziehen von der Spule im Idealfall problemlos wieder strecken und nicht die gekringelte Lage beibehalten.
Zu diesen generellen Merkmalen kommen die Bedürfnisse einzelner Angelmethoden: Der Spinnfischer – besonders, wenn er eine Multirolle benutzt, wird eine eher weiche Schnur bevorzugen, die leicht von der Rolle läuft.
Der Pirschangler wird im Uferbereich ebenfalls eine weiche Schnur mit Dehnung verwenden, damit ein Fisch, den er unter der Rutenspitze hakt, nicht bei der ersten Flucht durch Schnurbruch verlorengeht. Der Posenangler, der in der Strömung in größerer Entfernung auf sehr direkten Kontakt zur Pose und zum Haken angewiesen ist, wird Wert

auf eine möglichst dehnungsfreie Schnur legen – ebenso der Grundangler, der auf 100 m Entfernung noch seinen Anschlag zum Haken durchbringen will. Eine rasante Flucht wird bei harter Schnur mit der elastischen Rutenaktion abgefedert.
Praxistip: der Feind jeder Schnur ist der Drall – er schwächt die Tragkraft erheblich. Deshalb beim Aufspulen neuer Schnur Drall vermeiden, indem sie von der richtigen Seite der Schnurspule abgewickelt wird. Und nach einiger Zeit der Benutzung sollte die Schnur so weit wie möglich ausgeworfen und dann wieder aufgespult werden, wobei sie zwischen zusammengepreßtem Daumen und Zeigefinger hindurchgezogen wird. Das letzte Stück unter der Rutenspitze aushängen und ausdrehen lassen.

Geflochtene Schnüre:
Die neueste Schnurentwicklung für den Süßwasserangler sind die weichen, geflochtenen Hochleistungsschnüre, die unter Markennamen wie Dyneema oder Corastrong bekannt sind. Im Verhältnis zu ihrem Durchmesser besitzen sie eine ungewöhnlich hohe lineare Tragkraft (im Labor ermittelte Tragkraft, trocken und knotenlos) – wie 10 kg bei 0.22 mm. Durch den Knoten zum Haken oder Wirbel verlieren sie allerdings bis zu 50 Prozent ihrer Tragkraft und besitzen somit nur noch wenig mehr Reißfestigkeit als eine entsprechende Monofilschnur. Bei den Durchmesserangaben handelt es sich außerdem um theoretisch aus der Summe der Einzelfäden errechnete Werte. Tatsächlich sind die Durchmesser erheblich höher.
Durch ihre äußerst glatte Oberfläche ist es sehr schwierig, einen Knoten zu binden, der sich nicht aufzieht. Von den Herstellern werden der doppelt gesicherte Bloodknoten und der Schlaufenknoten empfohlen mit Sekundenkleber zur zusätzlichen Sicherung. Aber dennoch bleiben diese Schnüre problematisch: Wenn der Knoten hält, ist es sehr schwierig, die Montage bei einem Hänger zu lösen. Und ein starker Fisch, der sich bei seiner Flucht in einem Hindernis verhängt, wird sich von dieser Schnur nicht befreien können. Um die Schnur zu lösen, darf sie auf keinen Fall über der Rutenspitze abgeschnitten werden – zu groß ist die Gefahr, daß sich Wasservögel oder andere Tiere verfangen und verenden müssen, da die Schnur nicht sinkt, sondern gewichtslos an der Oberfläche treibt. Und dies auf ewig, da sie nicht verrottet! Stattdessen ist es besser, vor der Rute eine große Schlaufe in die Schnur zu binden, einen soliden Gegenstand (vielleicht einen Knüppel) durchzustecken und mit Gewalt die Schnur zu lösen, die in der Nähe des Knotens oder direkt am Hindernis reißen wird.

Vorfächer

Das Vorfach verbindet die Hauptschnur beziehungsweise den dazwischengesetzten Wirbel mit dem Haken. Es ist immer schwächer als die Hauptschnur, um den Fisch bei Schnurbruch davor zu bewahren, mit einem längeren Schnurende umherschwimmen zu müssen und der Gefahr ausgesetzt zu sein, sich irgendwo unlösbar zu verfangen, bzw. um den Verlust bei Schnurbruch an einem Unterwasserhindernis so gering wie möglich zu halten. Bei stärkeren Hauptschnüren darf das Vorfach nur eine Schnurstärke schwächer sein, bei Schnüren unter 0.20 mm bis zu zwei Schnurstärken.

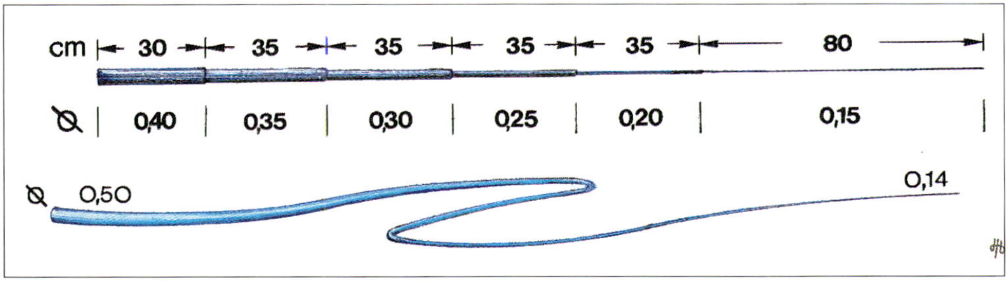

Aus Teilstücken geknüpftes Trockenfliegenvorfach mit Verbinder zur Hauptschnur und knotenlos verjüngtes Fliegenvorfach für Trockenfliegen

Fliegenvorfach:
Das Vorfach für den Fliegenfischer kann entweder in einer Länge von 2.25 bis 3 m als Fertigprodukt gekauft werden oder es wird aus einzelnen Teilstücken verschieden starker Monofilschnüre selbst geknüpft. Es verjüngt sich von etwa 0.50 mm herunter bis je nach Einsatz zwischen 0.10 mm für allerfeinstes Forellenfischen und 0.25 mm für starke Salmoniden. Die Verjüngung trägt dazu bei, daß sich das Vorfach beim Ablegen streckt und in voller Länge auf das Wasser legt. An das dünne Ende, die sogenannte „Spitze“, wird die Fliege geknüpft. Für Trockenfliegen werden gerne im Handel fertig angebotene, knotenlos verjüngte Vorfächer eingesetzt, an deren Ende die feine Monofilspitze mit der Fliege geknüpft wird.
Die Spitze muß von Zeit zu Zeit durch einen mit Geschirrspülmittel getränkten Lappen gezogen werden, um sie zu entfetten und wieder sinkend zu machen – auf der Oberfläche liegend würde sie scheue Fische vergrämen. Die Gesamtlänge des Vorfaches richtet sich nach den Verhältnissen: bei stärkerem Gegenwind verkürztes Vorfach, in tiefen Gewässern oder Gumpen muß es je nach Tiefe verlängert werden, um den Grund zu erreichen. Wenn das Vorfach mit einem speziellen Verbinder an der

Wolfgang Fabisch watet auf Forellenpirsch in seinem Teilstück der Pegnitz

Hauptschnur befestigt wird, der den Durchmesser der Schnur kaum verstärkt, darf das Vorfach länger als die Rute sein. Das Keschern der Beute bereitet dann keine Schwierigkeiten, da das Vorfach bis zur erforderlichen Verkürzung durch die Ringe gezogen werden kann. *Praxistip:* Bei Wind kann es durch leichte Fehler in der Wurftechnik zu „Windknoten" in der feinen Spitze kommen. Dies sind einfache Überhandknoten, die sich ungewollt einschleichen und die die Tragkraft erheblich verringern, sodaß der nächste Fisch durch Schnurbruch verlorengehen wird. Außerdem wird das Vorfach beim Nymphenfischen durch Berührung mit Steinen im Laufe der Zeit aufgerauht. Das bedeutet, es muß nach einigen Würfen sorgfältig zwischen zwei Fingern geprüft und bei Beschädigung ausgewechselt werden.

Monofilvorfach:
Monofile Vorfächer werden für das Fischen auf Friedfische eingesetzt. Die Länge richtet sich nach den Umständen: Wenn die Fische vertrauensvoll den Köder annehmen, darf es kürzer sein, wodurch die Bisse entschiedener und schneller erfolgen. Sind sie mißtrauisch, sollte es verlängert werden, in der Folge fallen die Bisse entsprechend sanfter aus. Als Mittelmaß für die Eröffnung des Angeltages darf eine Länge zwischen 30 und 50 cm bezeichnet werden, die erst verändert wird, wenn sich das Beißverhalten deutlich abzeichnet.

Geflochtene Vorfächer:
Besonders geschmeidig und weich mit geringem Durchmesser und hoher Tragkraft sind die geflochtenen Vorfachschnüre aus England, die für das Grundangeln auf große Friedfische wie den Karpfen vertrieben werden. Diese Schnüre bieten das Optimum an unverdächtiger und natürlicher Köderpräsentation. Es werden verschiedene Arten angeboten: Silkworm als Schnur mit neutralem Schwimmverhalten – sie schwebt schwerelos zwischen Wirbel und Haken. Merlin dagegen legt sich flach auf den Boden. Das abriebsichere Quicksilver wurde ursprünglich als Schlagschnur entwickelt, verhält sich aber über Muschel- oder Kiesbänken auch als Vorfach zufriedenstellend. Kevlarschnüre und geflochtene Stahlschnüre bieten sich als belastungssfähige Raubfischvorfächer an.

Knoten I

Fliegenvorfachknoten:

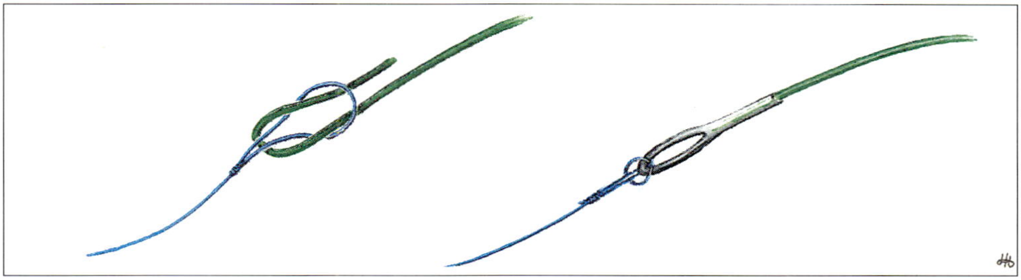

Mit diesem lösbaren Knoten wird das Vorfach angebunden, ohne dabei etwas von der teuren Fliegenschnur zu verlieren. Alternativ: knotenloser Vorfachverbinder (Zubehör)

Schlaufenknoten:

Die viermal durchgesteckte Schlaufe wird an das Schnurende geknüpft, wenn unter anderem ein Vorfach eingehängt werden soll

Verbindungsknoten:

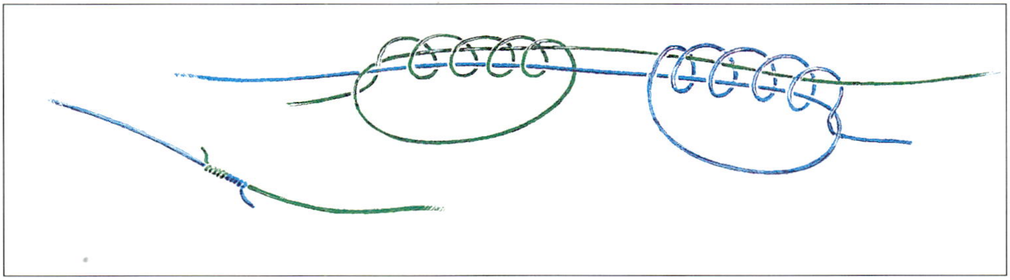

Der Verbindungsknoten dient dazu, zwei Schnüre – auch unterschiedlicher Stärke – miteinander zu verbinden

Knoten 2

Öhrknoten: 1. Grinner

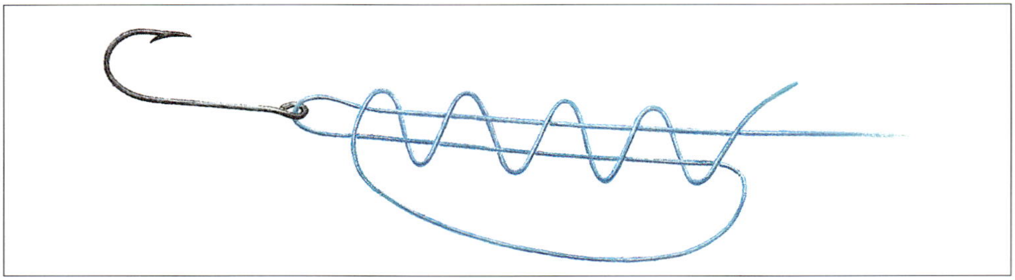

Der Grinner ist der zuverlässigste aller Öhrknoten. Mit ihm werden Öhrhaken und Wirbel für das schwere Bodenbleifischen angebunden.

Öhrknoten: 2. Bloodknoten

Der Bloodknoten ist ebenfalls sicher, wenn er sauber gebunden, also gleichmäßig festgezogen wird. Er kommt an Öhrhaken und Wirbeln bei der leichteren Bodenbleiangelei zum Einsatz.

Öhrknoten: 3. Palomar

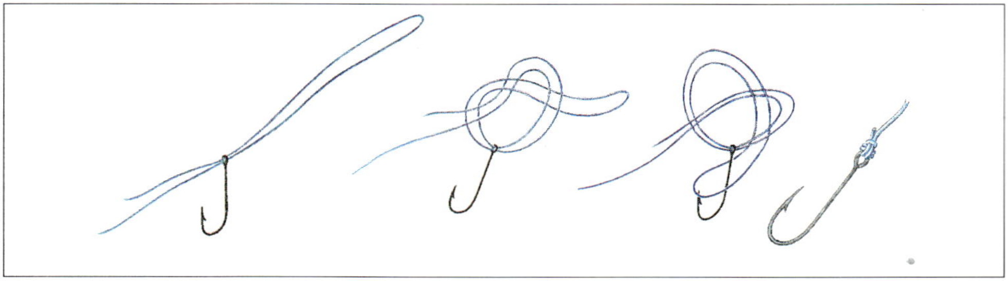

Der Palomar läßt sich auch bei schlechter Sicht und mit kalten Fingern leicht binden. Der ideale „Notknoten" für Öhr und Wirbel. Sauber gebunden ist er ebenfalls sehr zuverlässig.

Knoten 3

Schaftknoten:

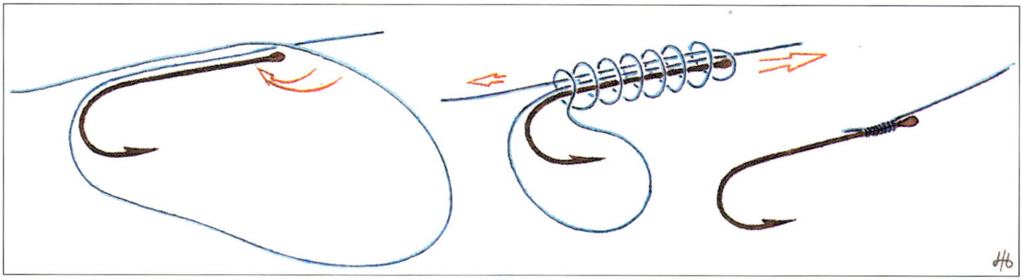

Mit dem Schaftknoten werden Plättchenhaken manuell an das Vorfach gebunden, wenn kein Hakenbinder zur Verfügung steht.

Stopperknoten:

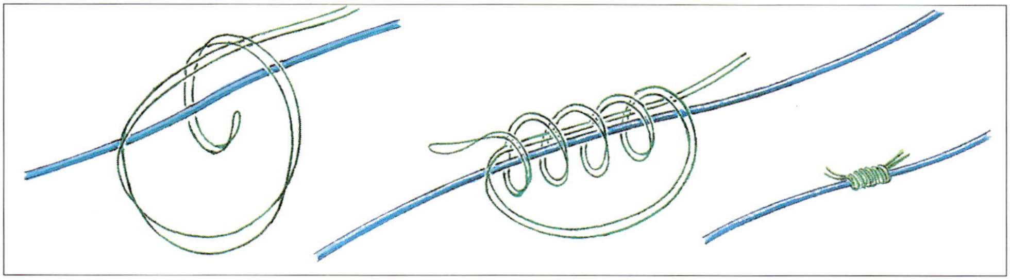

Der Stopperknoten dient dazu, einen beweglichen Stopper auf die Schnur zu binden, um die Tiefe einer Pose einzustellen oder eine Fluchtmontage herzustellen (Hinterstopper).

Blei

Zur Beschwerung der Montage werden je nach Zweck und Aufgabe verschiedene Arten Blei benötigt. Während das nötige Wurfgewicht des Fliegenfischers in die Schnur eingebaut ist, wird das Blei des Anglers der Cyprinidenzone auf der fast gewichtslosen Schnur angebracht.

Der Posenangler verwendet Schrotblei in verschiedenen, möglichst fein abgestuften Größen, um seine Schwimmer so auszubleien, daß sie gerade noch an der Oberfläche haften. Für das Austarieren feiner Wettkampfposen werden über der Schrotkette durchbohrte Torpillen in 0.5 g Gewichtsabstufung aufgezogen, deren Bohrung zum Schutz der Schnur mit weichem Silikonschlauch ausgekleidet ist.

Mit dem rollenden Kugelblei läßt sich der Grund strömender Gewässer absuchen, obwohl dies kritisch ist, da das direkt auf der Schnur drehende Blei leicht die Schnur aufscheuern kann. Vor dem Gebrauch sollte daher ein Stück Silikonschlauch (Posengummi) in die Bohrung geklebt werden, der zu beiden Seiten der Kugel ein bis zwei Millimeter übersteht. Alternativ dazu kann der aus Holland stammende Hobo auf ähnlich effektive Weise gefischt werden, mit dem der Boden jedoch nicht rollend befischt, sondern mehr „abgehüpft“ wird.

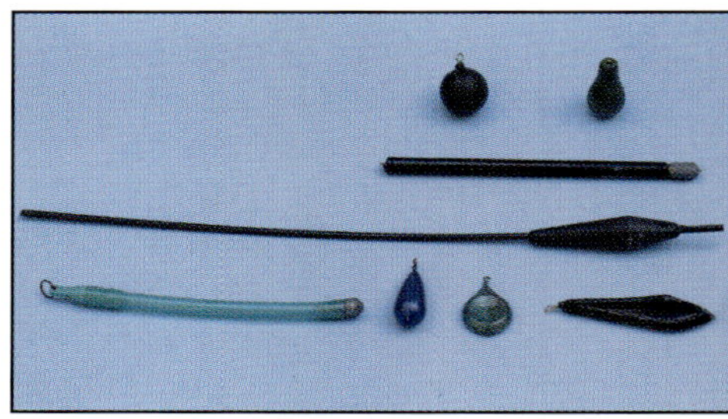

Das Bleisortiment: Bleischrot, Torpillen, Kugelblei, Hobo, Stehaufblei, Tiroler Hölzl, Seitenblei, Schwingspitzblei, Flügelblei, Weitwurfblei (mit Anti Tangle Tube)

Seitenblei und flaches Schwingspitzblei finden bei der leichten Grundangelei ihren Einsatz. Vorteil der flachen Form ist, daß das Blei im Fluß der Strömung weniger Angriffsfläche bietet oder auf abfallendem Grund rein aufgrund der Form besser liegenbleibt. Vorteil beider Bleie ist die durch einen eingegossenen Wirbel drehbare Öse, die Verwicklungen weitgehend verhindert.

Stehaufbleie, Bleie mit Korkschwimmern am Seitenarm und Tiroler Hölzl mit ihrem starken Auftrieb halten die Hauptschnur auf Distanz zum Grund

und verhindern so, daß sie sich in schlammigem Boden festsetzt, um freien Schnurdurchlauf zu gewährleisten.
Die beim Karpfenangeln sehr verbreiteten Weitwurfbleie werden beim Fischen auf größere Distanz eingesetzt. Sie verhindern mit ihrer langen Röhre, daß sich der Haken in der Hauptschnur verfangen kann, da der Tubus länger ist als das Vorfach.
Das Flügelblei steigt beim Einholen der Schnur zügig auf und führt die Endmontage über eventuelle Hindernisse hinweg (wie Krautbetten vor dem Ufer). Dank seiner aerodynamischen Form ist es gut für weite Würfe geeignet.
Generell sollten niemals Bleie mit einer Bohrung direkt auf die Schnur gefädelt werden, da die Montage unsensibler wird und wegen der bereits angesprochenen Gefahr der Schnurbeschädigung. Für das bei Teleskoprutenanglern so beliebte Sargblei weiß ich deshalb (außer als Briefbeschwerer) keine vernünftige Verwendung und kann nur empfehlen, es aus der Angelkiste zu verbannen.
Ebenso sollten Helicopter-Bleie mit Ausleger vermieden werden, an denen das Vorfach angebunden wird, da sich der Fisch im Falle eines Schnurbruchs nicht vom Blei befreien kann und elend zugrunde gehen muß, sobald sich das Blei an einem Hindernis verhängt. Diese Bleie sind hochgradig tierschutzfeindlich und sollten deshalb unter keinen Umständen eingesetzt werden!

Haken

Für die Befestigung am Vorfach gibt es zwei verschiedene Konstruktionen am oberen Schenkelende: Plättchen und Öhr. Das Plättchen findet sich bei feinen Haken für das Fischen mit Pose oder leichter Grundrute, während Haken für die schwereren Methoden meist mit Öhr versehen sind. Das Öhr wird mit einem der dargestellten Öhrknoten, das Plättchen mit dem Schaftknoten angebunden.
Ein wesentlicher Unterschied liegt in der Bogenform: der Limerickhaken, der Maden und Würmer besser hält,wird von Wettanglern gerne angebunden. Der Rundbogenhaken wird beim Ansitz auf starke Fischarten z.B. mit pflanzlichen Ködern verwendet.
Eine weitere Wahl liegt in flachen sowie geschränkten Haken, deren Spitze leicht seitwärts gebogen ist. Damit steht sie seitlich vom Schenkel weg und kann unter anderem beim Angeln mit aufgefädelten, toten Köderfischen sicherer im Maul des Raubfischs fassen.
Die Spitzen vieler moderner Haken werden chemisch geschärft, wodurch sie nadelscharf sind und diese Schärfe lange bewahren.
Feindrähtige Haken werden für sehr leichtes Posenfischen verwendet. Kleine, starkdrähtige Rundbogenhaken werden unter anderem mit Mais beködert beim Fischen auf Brassen oder Schleien eingesetzt. Je stärker und größer die erwartete Beute, desto

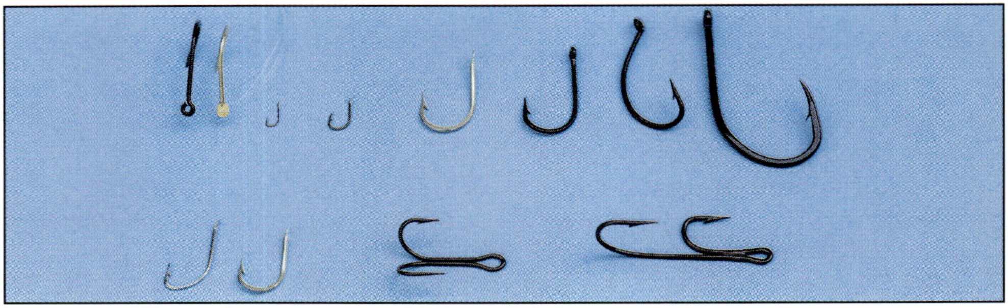

Öhr und Plättchen, feine Wettkampfhaken, starke Haken für leichtes Fischen, kräftige Haken für das Grundangeln, Limerick- und Rundbogen, Zwillings- und Drillingshaken

größer der Haken und desto stärker der Draht, aus dem er gefertigt ist.
Bei Zanderanglern ist der Zwillingshaken sehr beliebt, dessen kleinere Spitze dazu dient, das tote Köderfischchen anzuködern, während die größere im Maul des Zanders Halt finden soll.
Hechtangler verwenden wegen der harten Kiefer der Räuber sowohl bei ihren Kunstködern als auch beim Ansitz mit Köderfisch starke Drillingshaken, die jedoch bei kleineren Raubfischen dringend vermieden werden sollten, da sie beispielsweise einem Barsch das Maul so „vernageln" können, daß er stark verletzt ist und nicht mehr zurückgesetzt werden kann. Bei Walleranglern haben sich übergroße Einzelhaken von immenser Stärke in den Größen 4/0 bis 8/0 bewährt.

Bißanzeiger

Bißanzeiger des Fliegenanglers:

Die traditionelle Bißanzeige des Trockenfliegenanglers ist der „Ring", den ein Fisch verursacht, wenn er nach der Fliege steigt. Beim Fischen mit Naßfliege oder Nymphe werden Bisse durch Änderungen in der Spannung der Schnur sichtbar – wie durch rasantes Strecken des Vorfaches. Um die Bißanzeige deutlicher zu machen, kann ein farbiger Wollfaden an das obere Ende des Vorfaches geknüpft werden, dessen Bewegungen bei einem Biß sich deutlich von den Reflexionen des Wassers abheben.

Zitterspitze:

Dieser in die Rute integrierte Anzeiger ist sehr fein und biegsam und reagiert daher empfindlich auf am Köder zupfende Fische – vorausgesetzt, die Schnur ist straff gespannt und zieht in einem Winkel von 45 bis 90 Grad an der Spitze. Aufgrund ihrer Feinheit eignet sich die Zitterspitze für Stillwasser und mäßig strömende Gewässer. Ruten mit auswechselbaren Spitzen verschiedener Stärke erlauben die Anpassung an unterschiedliche Strömungsverhältnisse – je stärker, desto kräftigerer Strömung halten sie stand. Einschraubbare Quivers werden in den Stärken 1 oz, 2 oz und 3 oz angeboten, wobei die stärkste Spitze von 3 oz auch für kräftige Strömung geeignet ist.

Schwingspitze:
Die Schwingspitze bildet wie der Quiver den vorderen Teil der Rute, hängt jedoch im Unterschied dazu, über einen weichen Schlauch mit der Spitze verbunden, im rechten Winkel herunter, wobei die Schnur durch zwei auf die Schwingspitze gebundene Ringe läuft. Bei einem Biß hebt sie sich mehr oder weniger rasant in Richtung Fisch und signalisiert, ob der Fisch den Köder erst prüft oder ihn bereits angenommen hat, worauf der Anhieb folgt. Die Schwingspitze wird nach Gewässertiefe und Entfernung gewählt: kurze Spitzen bei flachem Gewässer und geringer Entfernung – je tiefer das Wasser und je größer die Entfernung, desto länger die Spitze. Bei Wind bietet eine dünne Drahtspitze weniger Angriffsfläche und hängt durch ihr größeres Gewicht ruhig. Wenn zu starker Strömungsdruck die Spitze hochzieht und eine klare Bißanzeige dadurch verhindert wird, hilft ein steifer Winkelgummi, der einen rechten Winkel bildet und gegen den weichen Originalgummi ausgetauscht wird. Er drückt die Spitze gegen die Strömung nach unten und zeigt die Bisse dadurch deutlich an.

Hängeanzeiger:
Die vielen unterschiedlichen Hänger funktionieren alle auf die gleiche Weise: Zwischen Führungsring und Rolle mit einem Clip in die Schnur gehängt, signalisieren sie einen Fluchtbiß durch Heben und einen Fallbiß, bei dem der Fisch in Richtung Angler schwimmt, durch Senken des Anzeigers in der Schnur.
Die mit dem Hänger verbundene Sicherungsleine wird am Erdspieß angebunden und zieht beim Anhieb den Hänger

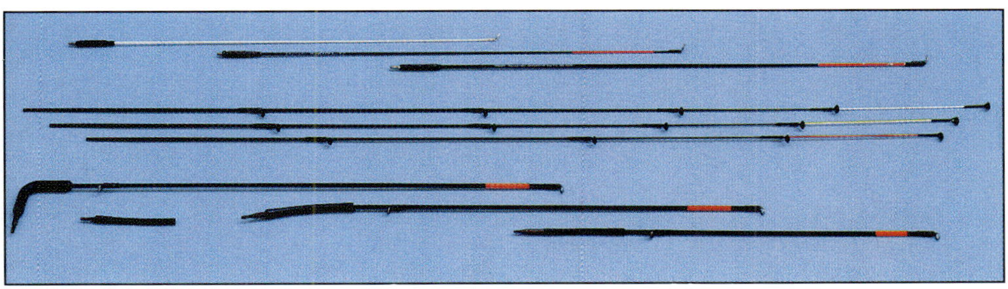

Einschraubquivers, Winklepicker-Wechselspitzen, Schwingspitzen mit verschiedenen Gummis

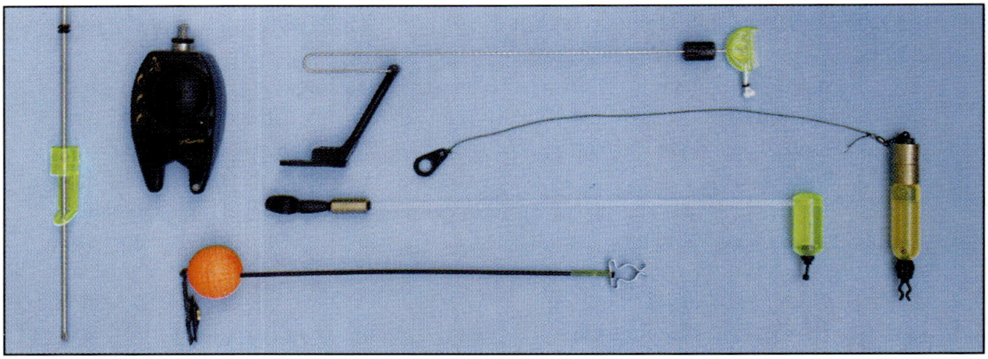

Hängebobbin, Drop Arm, verschiedene Swinger, Affenkletter, elektronische Bißanzeiger

automatisch von der Angelschnur. Ihr Nachteil ist die Windanfälligkeit: bei Wind schwanken sie unkontrollierbar hin und her. Ihr Vorteil ist, daß sie sich an jeder Rute verwenden lassen. Im Fließwasser muß ihr Gewicht der Strömung angepaßt werden – sind sie zu leicht, werden sie von der Strömung hochgezogen, die Schnur strafft sich und sie können keinen Biß mehr anzeigen.

Drop Arm, Swinger und ähnliches:
Die verschiedenen Systeme arbeiten alle nach dem gleichen Prinzip wie die Hänger, sind aber im Gegensatz zu ihnen über einen stabilen Arm fest mit dem Erdspieß verbunden. Durch die sich daraus ergebende Seitenstabilität ist der größte Nachteil der Hänger – ihre Windanfälligkeit – überwunden. Wie beim Hänger löst sich beim Anhieb automatisch ihr Clip von der Schnur. Hochwertige Anzeiger besitzen verschiebbare Gewichte, mit denen sie der Stömung angepaßt werden. Der Anzeigekopf komfortabler Systeme ist durch leuchtintensive Farben sehr gut sichtbar und besitzt darüber hinaus eine Kammer zur Aufnahme eines Knicklichtes oder (die in Deutschland aufgrund ihrer radioaktiven Strahlung mittlerweile verbotenen) Betalights für die Nachtangelei. Ihre hohe Empfindlichkeit ermöglicht eine widerstandslose Bißanzeige auch bei den vorsichtigsten Fischen. Diese hochentwickelten Systeme stellen damit die zur Zeit fortschrittlichste und vielseitigste Art der externen Bißanzeige für Grundruten dar.

Affenkletter:
Das System besteht aus einem Anzeiger, dem „Affen", durch den die Schnur geführt wird und einer Stange, auf der der Affe bei einem Biß auf und nieder gleitet. Die Stange steckt senkrecht im Boden oder wird in ein Rutengestell (Rod Pod) geschraubt. Beim Anschlag wird

der Affe nach oben gezogen und gibt am Ende der Stange die Schnur automatisch frei. Eine Kammer im Affen nimmt ein Knicklicht für das Nachtangeln auf. Verschiedene Gewichte erlauben, den Affen der Strömung anzupassen. Ihr Vorteil ist die Stabilität des Systems – ihr Nachteil die Umständlichkeit in der Handhabung im Vergleich zu den moderneren Swingern.

Elektronische Bißanzeiger:
Diese Anzeiger wurden für langfristigen Ansitz auf kapitale Beute (wie Karpfen) entwickelt, da es nicht möglich ist, stunden- oder tagelang konzentriert die Ruten zu beobachten. Allen Systemen ist gemeinsam, daß sie einen Biß durch Piepton und Aufleuchten einer Leuchtdiode anzeigen. Komfortable Systeme erlauben, die Lautstärke zu regeln und die Tonfrequenz zu variieren, um zwei Ruten durch höhere oder tiefere Töne zu unterscheiden. Verschiedene Farben der Leuchtdioden, meist gelb, grün und rot, helfen in der Nacht bei der Orientierung, an welcher Rute der Biß erfolgt ist. Die modernsten Geräte ermöglichen die Einstellung der Empfindlichkeit als Anpassung an wechselnden Wind- oder Strömungsdruck. Die Anzeiger sollten wasserdicht sein, um nicht vom ersten Regen außer Funktion gesetzt zu werden!

Posen:
Die älteste Art der Bißanzeige bietet die Pose, die an der Schnur befestigt auf dem Wasser schwimmt und Bisse durch Untertauchen zeigt. Ihr Vorteil liegt in der Direktheit der Anzeige und darin, den Köder treibend anbieten zu können – ihr Nachteil in der Abhängigkeit von den Launen der Natur, die mit Wind und Strömung oder Regen das Verhalten des Schwimmers beeinflußt. Darüber hinaus zeigt der Schwimmer exakt die Position des Köders, der in beliebiger Tiefe angeboten werden kann.
Es gibt Posen aller Größenordnungen für feines Ukeleifischen bis hin zum Ansitz auf Hecht und Waller, wo schwerste Schwimmer einen großen Köderfisch tragen. Entscheidend für den Erfolg ist, den Widerstand, den die Pose einem beißenden Fisch bietet, so gering wie möglich zu halten. Dazu darf die Pose nicht größer sein als den Umständen entsprechend erforderlich und sie muß exakt austariert werden. Es haben sich zwei unterschiedliche Traditionen des Posenfischens bei uns etabliert und damit zwei verschiedene Posensortimente: die englischen Sticks und Waggler und die europäischen Wettkampfposen. Die Engländer fischen ihre Posen an den kürzeren, beringten Matchruten (je nach Gewässergröße 3,60 m bis 4,20 m Länge), die Wettkampfposen werden sowohl an der Kopfrute, als auch der Bolognarute gefischt. Eine große Vielfalt verschiedener Formen wird für die unterschiedlichen Gewässerarten angeboten. Die nachfolgende Auswahl bietet dem An-

fänger ein Sortiment, mit dem er alle Gewässer in jeder gewünschten Entfernung befischen kann.

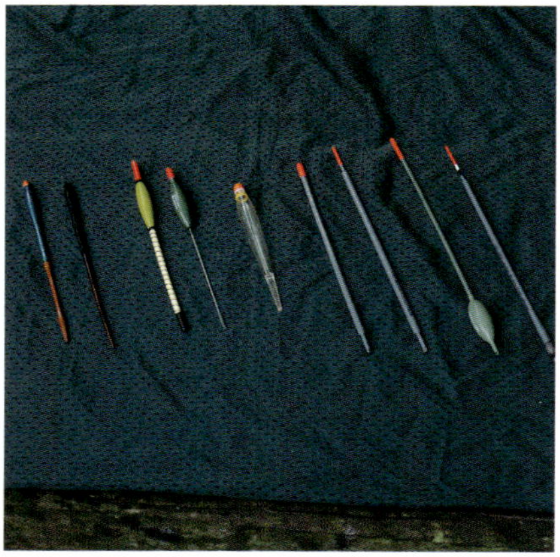

2 Sticks, 2 Avons, Loafer, Straight Waggler, Insert Waggler, Boddied Waggler, Loaded Waggler

Englische Posen:

Sticks: Einsatz aller Sticks in ruhiger Strömung bei nicht zu tiefem Wasser vor der Rutenspitze oder etwas darüber. Ideal mit der Centrepin. 3 Grundformen: Rundkopfsticks mit größerem Auftrieb der Spitze – Vorfach mit Köder über Grund schleifend anbieten. Spitzkopfsticks mit weniger Auftrieb in der Spitze tauchen bei zarten Bissen leichter ab – Köder frei in der Strömung treibend anbieten. Stable Sticks mit Verdickung als Gegengewicht am unteren Ende für stabileren Lauf – Köder frei treibend anbieten. Ideal für Verzögerung des Laufs durch leichtes Zurückhalten gegen die Strömung. Befestigung aller Sticks mit 2 Posengummis je oben und unten. Bebleiung mit langer Schrotkette – die Fische können nach dem Einwurf bei langsam absinkendem Köder zugreifen oder Schrot in Vorfachnähe, um Köder schnell zum Grund zu bringen.

Loafer: Kräftige Strömungspose für tiefes, stärker strömendes Wasser – auch bei Turbulenzen. Kann auch in größerer Entfernung (mehrere Rutenlängen) angeboten werden. Eignet sich nicht für starkes Zurückhalten der Montage, hält aber wegen seiner größeren Schrotladung den Köder stabil am Grund.

Avon: Trägt durch seinen Auftriebskörper mehr Blei und kann daher auch in tieferem Wasser eingesetzt werden. Eignet sich für stehendes bis unruhig und schnell treibendes Wasser, wo der Köder zügig zum Grund sinken soll (z.B. um nicht von Kleinfischen im Mittelwasser genommen zu werden). Eignet sich nicht für ein Zurückhalten der Montage, da er sofort steigt und sich flach auf das Wasser legt und den Köder in unnatürliche Pendelbewegungen versetzt.

Waggler: Posen für Stillwasser und leichte Strömung. Waggler werden nur an ihrem unteren Ende befestigt. Dies hilft, die gesamte Schnur zwischen Pose und Rute unter Wasser zu ziehen – verhindert wird dadurch unerwünschtes Abtreiben der Montage durch Wind oder Oberflächendrift. Zwei Grundformen: der Straight Waggler als schlanke Stabform läßt sich als Universalpose in vielen Situationen einsetzen – für den Anfang empfiehlt er sich jedoch für geringe Entfernung und ruhiges Wasser. Der Bodied Waggler als Stabpose mit aufgesetztem Auftriebskörper am unteren Ende eignet sich für weite Würfe, tiefes Wasser und leichte Strömung. Waggler können in der Strömung nicht zurückgehalten werden, da sie sofort abtauchen. Daher treiben sie frei. Gelegentlich muß der Schnurbogen durch Umlegen der Schnur beseitigt werden. Bei tiefem Wasser werden die Waggler gleitend als Laufpose montiert.

Windbeater: Äußerst sensible Wagglerpose mit sehr feiner Antenne, die Strömung und Wind keinen Widerstand entgegensetzt – kann daher auch bei stromabwehendem Wind und am Grund verankert eingesetzt werden. Der kleine Auftriebskörper am Ende der Antenne verbessert die Sicht auf größere Entfernung.

Vorgebleite Waggler: Die im unteren Teil des Wagglers eingebaute Bleiladung sorgt für größere Wurfweite und reduziert dabei die erforderliche Bleimenge auf der Schnur, wodurch die Montage trotz der Größe des Schwimmers sensibel bleibt.

Wettkampfposen:

Stabformen: Eignen sich für das Stillwasser und können je nach Größe bis zu mittleren Entfernungen eingesetzt werden.

Lange, schlanke Tropfen: Typische Kanalposen für ruhige, gleichmäßige Strömung, aber auch für Stillwasser in größeren Entfernungen geeignet.

Kurze, kompakte Tropfen: Strömungsposen für schnelleres Wasser ohne Turbulenzen. Alle tropfenförmigen Posen können gegen die Strömung zurückgehalten werden, da sie der Druck gegen das untere, dicke Ende nach unten preßt und damit stabilisiert.

Oliven- bis Kugelform: Reiten stabil auch auf der wildesten Strömung, mit der sie um Hindernisse herum oder darüber hinweggeführt werden. Schweres Blei hält den Köder am Boden. Aufgrund der massigen Form zwar relativ unsensibel, aber in den Verhältnissen, wo sie eingesetzt werden, greifen die Fische schnell und unproblematisch zu und haken sich gegen den Widerstand der Pose meist schon selbst.

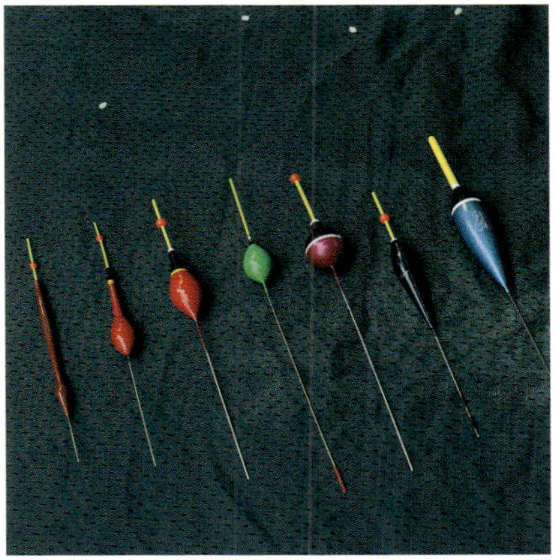

Stipperposen: Schlanke Pose für Seen und sehr leichte Strömung, Kanaltropfen, Tropfen für stärkere Strömung, Olive und Kugel für sehr starke Strömung, Bolognatropfen

Umgekehrter Tropfen: Wegen des oben sitzenden dicken Endes kann die Drift nicht verzögert werden, die Montage muß also frei mit der Strömung treibend angeboten werden. Eignet sich gut, wenn ein großer Köder (vielleicht ein Regenwurm) in größerer Entfernung bei übertiefer Einstellung über Grund schleifend und dadurch verlangsamt frei in der Strömung treibend angeboten werden soll.

Gleit- oder Laufpose: Ist immer dann nötig, wenn die Gewässertiefe die Rutenlänge übersteigt und eine Festpose daher nicht mehr angeboten werden kann. Jeder Waggler läßt sich als Laufpose montieren (siehe Kapitel: Posenfischen. Matchrute am See).

Kleidung

Wichtig ist es, sich warm und trocken zu halten. Moderne Produkte wie Fleecepullover sind leicht, dünn und absorbieren die Körperfeuchtigkeit. Darüber gehört wasserdichte Kleidung wie eine Jacke mit Gore Tex oder ein Regenmantel.

Oberbekleidung in gedämpften Farben wie Grün- oder Brauntönen macht den Angler unauffällig und dient ihm zur Tarnung sowohl gegen die Fische als auch gegen unliebsame Beobachter mit ihren intelligenten Standardfragen wie „Na, beißt denn was?".

Gummistiefel verhindern mit ihrem griffigen Profil das Abrutschen auf nassen, glatten Ufern. Sie sollten groß genug sein, um bei kühlem Wetter dicke Wollsocken aufzunehmen. Thermounterwäsche schützt in den kühlen Jahreszeiten. Ein einteiliger Thermoanzug erlaubt das Fischen auch bei Minusgraden.

Wathose oder Watstiefel sind für den Fliegenfischer äußerst nützlich, um in den meist flachen Bächen näher an seine Beute heranzukommen und um sich beim Werfen der Behinderung durch Uferhindernisse zu entziehen.

Neoprenfütterung der Stiefel hält die Beine in dem meist kalten Wasser warm.

Allerdings ist beim Waten unbedingt zu beachten, daß alle Nährtiere des Wassers in der Bodenschicht leben und ein watender Angler unzählige Larven zertreten kann. Daher nur dann waten, wenn wirklich erforderlich. Außerdem hält sich die Brut vieler Fische in den Flachwasserbereichen auf. Um das Gelege zu schützen, an allen Gewässern unbedingt bis 4 Wochen nach Ende der Laichzeit auf das Waten verzichten!

Zubehör

Allgemein:

Außer Rute, Rolle mit Ersatzspule(n) und Schnur, Vorfächern, Haken und Bißanzeigern braucht jeder Angler: Rutenfutteral (Transportschutz für die Rute), Kescher (Landenetz), Hakenlöser (Spitzzange, Arterienklemme oder Löser mit Kugelkopf), Schere, Messer, Fischtöter (Schlegel), Maßband, Waage und Wiegesack, Hilfsmittel zum Anfüttern (Katapult, Bait Dropper und wasserlösliche PVA-Schnur), Köder und Köderschachteln, Entsorgebeutel für die Abfälle, Polarisations-Sonnenbrille.

Speziell für den Fliegenfischer:
Anglerweste (mit möglichst vielen geräumigen Taschen), Sortiment Fliegen – je nach Fischart: Trockenfliegen, Naßfliegen, Nymphen, Streamer, Reizfliegen. Dazu Fliegenfett (gutes Fett verflüssigt sich bereits auf dem Finger). Schere und Arterienklemme sollten immer griffbereit und vor Verlust gesichert sein: beides mit einer Kordel ausreichender Länge, die an einem Knopfloch befestigt wird.

Speziell für den Spinnfischer:
Sortiment Kunstköder: Spinner, Blinker, Twister und Silikonfische, dazu Twister- oder Fischköpfe, Wobbler, Imitationen verschiedener Wassertiere (Abbildungen siehe Teil 5: Köder). Anglerweste oder Gerätekasten, Rachensperrer als Handschutz beim Abhaken, Raubfischvorfächer aus geflochtenem Stahldraht oder Kevlarschnur in verschiedenen Stärken.

Speziell für den Posenfischer:
Sitzkiepe oder Gerätekiste und Angelstuhl, dazu Halterung oder Erdspieß mit breiter Rutenauflage, Posen und Posengummis, Posenausloter, Stopper (Gummi oder Fertigstopper), Glasperlen, kleine Karabiner (mit und ohne Wirbel), Sortiment Bleischrot, Andrückzange und Lösezange für das Schrot, Sortiment Torpillen, Lotblei, Hakenbinder (manuell oder elektrisch), Montagewickelbrettchen und Lotblei (nur Kopfrute).

Speziell für den Grundangler:
Gerätekiste, Angelstuhl, 2 Erdspieße, Dreibeine oder Rod Pod, Rutenauflage vorne und hinten, Bißanzeiger, Futterkörbchen, Sortiment Bodenblei, Ködernadel, Wirbel, Versorgungsmatte (für größere Fische).

Speziell für den Nachtangler:
Taschenlampe, Knicklichter, Silikonschlauch in verschiedenen Durchmessern und Tesafilm zur Befestigung der Knicklichter auf Posenantennen, Rutenspitzen und an allen Bißanzeigern.

Teil 4: Die Vor- und die Nachbereitung

Werfen

Fliegenrute:
Das Werfen der Fliegenschnur auch nur in den wichtigsten Stilen darzustellen, sprengt den Rahmen dieser Einführung. Nachfolgend aber dennoch einige Anmerkungen zum Thema. Es ist zu empfehlen, sich die Grundkenntnisse des Werfens durch Teilnahme an einem der in der Fachpresse angebotenen, nicht sehr teuren Wochenendkurse in idyllischer Umgebung zu verschaffen oder sich von einem erfahrenen Angler einweisen zu lassen. Durch Probieren ohne Anleitung erreicht man zwar bald eine gewisse Weite und Zielsicherheit – es schleichen sich aber auch unbemerkt Fehler in den Wurfstil ein, die die Weite der Würfe drastisch reduzieren und die sich bei nachträglicher Korrektur nur schwer wieder abgewöhnen lassen!

Zur Wahl des richtigen Wurfes:
Ist der Fisch an seinem Standort erkannt, muß sich der Angler entscheiden, welcher Wurf den Köder sicher und unauffällig im Ziel landen läßt – Normal- oder Seitenwurf – oder sind Trickwürfe wie Rollwurf, Schlangenwurf, Bogenwurf nötig? Und wo ist der günstigste Standort? Manchmal reicht ein Schritt zur Seite, um sich ein besseres Wurffeld zu verschaffen!
Wichtig auch die Wurfökonomie: mit möglichst wenig Aufwand so viel wie möglich erreichen. Die Schnur zunächst so langsam wie möglich werfen, um ihren Flug genau kontrollieren zu können – den richtigen Zeitpunkt des Wendens zwischen vor und zurück, Größe und Form der sich hinter dem Vorfach bildenden Schlaufe oder auch die dosierte Annäherung an eine Lücke in der Ufervegetation, durch die die Schnur geführt werden soll oder für eine kurzfristige Richtungskorrektur, falls ein plötzlich steigender Fisch seinen Standort verrät. Durch zu schnelle Schwünge wird dies verhindert und die Schnur kann sich bereits in Ästen verheddert haben, bevor eine Korrektur des Wurfes möglich ist. Unnötige Leerschwünge sollten vermieden werden, da sie Fische warnen können und die Fliege nur fängt, solange sie im Wasser ist!
Der schnelle österreichische Wurfstil hat sich aus dem früheren Gebrauch von Seidenschnüren entwickelt und sollte damals helfen, die Schnur im Flug von Tropfwasser zu befreien, was durch die modernen Materialien nicht mehr nötig ist. Häufig hört man die Devise „High Speed – High Line“, also schnelle Schwünge – hohe Schnurführung. Nur ist es bei schnell geführter Schnur schwierig, die Pausen zwischen Vor- und Rückschwung genau einzuhalten und gelingt dies nicht im richtigen Bruchteil einer Sekunde, verabschiedet sich die Fliege auf Nimmerwiedersehen, indem sie mit einem Schallgeschwindigkeit anzeigenden Peitschenknall die Schallmauer durch-

bricht und mit ihrem dabei entwickelten Tonnengewicht das feine Vorfach sprengt. Auch eine langsame Schnur läßt sich hoch führen, dabei allerdings mit sehr viel besserer Kontrolle, was gerade auch dem Angler ohne 30 Jahre Wurfpraxis das Leben erheblich leichter macht. Ein Profi mit jahrzehntelanger Erfahrung wird selbstverständlich jeden gewünschten Wurf in jeder denkbaren Geschwindigkeit vorführen und jede Variation wird kinderleicht aussehen. Er wird die besten Argumente für seinen bevorzugten Stil ins Feld führen und es wird sich wunderbar einleuchtend anhören. Aber dann alleingelassen öffnet sich dem Neuling plötzlich der Himmel mit Problemen, von denen der Profi mit all seinem Können natürlich nichts ahnen läßt!

Stationärrolle:

Der Überkopfwurf wird für weite Würfe eingesetzt.

Ablauf: Schnur mit dem Zeigefinger greifen, Rollenbügel öffnen, Schnur gegen den Spulenrand drücken und festhalten. Rute gerade über den Kopf nach hinten führen und in 10 Uhr-Stellung bringen. Die Montage hängt dabei von der Rutenspitze. Darauf achten, daß der Raum um Rute und Montage frei ist von Ufervegetation und daß sich die hängende Montage nicht um die Rutenspitze wickelt.

Rute schnell, aber nicht ruckhaft nach vorne schwingen und bei 1 Uhr-Stellung die Schnur am Spulenrand freigeben. Dabei Rutenspitze langsam senken, damit sich das Vorfach im Flug nicht in der Hauptschnur verfängt. Nach Eintauchen der Montage den Rollenbügel geöffnet lassen, bis die Montage abgesunken ist – da die Schnur frei ablaufen kann, sinkt sie senkrecht zum Grund. Jetzt den Bügel schließen, Einstellung der Bremse überprüfen und Rute ablegen.

Der Unterhandwurf wird für geringere Entfernung und besonders auch für leichte Montagen eingesetzt.

Ablauf: Schnur mit dem Zeigefinger fassen, Rollenbügel öffnen und Schnur gegen den Spulenrand drücken. Montage durch Anheben der Rute zurückschwingen und mit der freien Hand das Vorfach kurz über dem Haken greifen. Die Schnur ist ebensolang wie die Rute. Falls nicht, durch Drehen der Kurbel entsprechend einstellen. Rute senken bis 3 Uhr-Stellung und mit sanftem Schwung bis 1 Uhr hochschwingen, wobei die Montage gleichzeitig losgelassen wird.

Nach dem Einschlag mit offenem Rollenbügel warten, bis die Montage abgesunken ist, dann Bügel schließen. Wichtig: beim Wurf nicht zu starken Druck geben, damit sich die Endmontage nicht verhängt.

Der Seitwärtswurf eignet sich für leichte Bodenblei- und Posenmontagen und Spinnköder. Seine Vorteile sind besonders bei Posenmontagen mit langer Schrotkette, daß sich die Montage flach gestreckt und nahezu geräuschlos auf

das Wasser legt und die geringe Gefahr des Verhängens.
Ablauf: Vorbereitung wie Unterarmwurf. Rute seitlich fast parallel zur Uferkante in 3 Uhr-Stellung, das Vorfach dabei mit der freien Hand halten. Nun mit sanftem Schwung in 3 Uhr-Stellung bleibend die Rute um die Körperachse in Richtung Wasser schwingen und gleichzeitig die Montage freigeben.
Einstellung der Bremse: Entgegen der Meinung aller anderen Autoren, die ausnahmslos empfehlen, die Bremse sollte auf einen Punkt kurz vor dem Zerreißen der Schnur eingestellt werden, ist der Autor der Meinung, die Bremse sollte bei abgelegter Rute eher nachgiebig sein. Dies aus Gründen, die sich in der Praxis schnell zeigen werden. Wenn ein kampfstarker Fisch am Haken hängt und hart gehalten werden muß (z.B. um ihn von Hindernissen fernzuhalten), kann die Bremskraft jederzeit mit dem Finger am Spulenrand verstärkt werden, womit genügend Zeit gewonnen ist, um in Ruhe die Bremse nach Bedarf zu schließen.

Multirolle:
Die Multirolle wird in der Regel über Kopf geworfen (dem Könner ist auch der Seitenwurf möglich) und erfordert einen weichen und sanft beschleunigenden Wurfstil. Um die große Gefahr der Perückenbildung zu meistern (durch Überdrehen der Spule entstandener Schnursalat auf der Spule – ein weitverbreitetes Anfangsproblem), empfiehlt sich vor dem Einsatz am Wasser ein gründliches Trockentraining auf der Wiese mit einem am Schnurende angebundenen Bodenblei. Um das Überdrehen der Spule zu verhindern, muß die je nach Modell vorhandene mechanische oder magnetische Wurfbremse sorgfältig auf das Gewicht der Montage abgestimmt werden. Die Hemmung der Bremse sorgt dann dafür, daß die Spule beim Wurf nicht schneller dreht als Schnur abgezogen wird. Einstellung: Das Blei bis kurz unter die Rutenspitze spulen, Schnur durch Drücken der Freilauftaste freigeben und Spule mit dem Daumen halten. Magnetbremse schließen, bis die Montage gerade eben noch zu Boden gleitet, wenn die Spule mit dem Daumen freigegeben wird. Diese Einstellung muß bei jedem Wechsel des Bleigewichtes oder der Ködergröße wiederholt werden.
Nun wie bei dem Überkopfwurf mit der Stationärrolle die Rute zurückführen, Freilauftaste drücken und die Spule mit dem Daumen halten. Mit sanfter, weicher Beschleunigung die Rute nach vorn schwingen und in 1 Uhr-Stellung die Spule freigeben. Diese Bewegung muß noch weicher durchgeführt werden als bei der Stationärrolle, denn jede ruckhafte Bewegung kann die Spule trotz der in den meisten Modellen eingebauten Zentrifugalbremse überdrehen lassen! Nach einiger Übung sitzt jede Bewegung mit automatisierter Sicherheit und es werden

sich nur noch die vielen Vorteile auswirken, die die Multi gegenüber den anderen Rollen besitzt!

Centrepinrolle:
Mit der Centrepin (von den vielen Liebhabern einfach nur kurz „die Pin" genannt) wird zwar hauptsächlich nahe der Rutenspitze gefischt, kann aber mit Hilfe eines neuen Wurfstils auch geworfen werden. Diesen Stil habe ich für die englische Angelszene entwickelt, wo die Pin sehr viel verbreiteter ist. Dazu ist ein einfaches Hilfsmittel nötig – der Wurfhaken, der im Eisenwarenhandel für 1,50 DM zu beziehen ist: ein Haken (Stahl, Bronze, Messing) mit etwa 2 cm Durchmesser und Holzgewinde wird in einen kleinen Holzgriff (Rohling für Werkzeuge wie eine Feile) geschraubt.

Handhaltung beim Werfen mit Centrepin. Detail: Der Wurfhaken und seine Einzelteile.

Mit dem Haken in der linken Hand die Schnur aufnehmen und den Arm nach links ausstrecken, dabei mit dem Daumen der rechten die Schnur gegen den Spulenrand drücken. Die Montage hängt unter der Rutenspitze.
Nun den Unterhandwurf wie oben beschrieben bei ausgestrecktem, linkem Arm ausführen und Schnur in 1 Uhr-Stellung freigeben. Die Schnur läuft dabei seitlich von der Spule durch den Haken und zurück zum Führungsring der Rute.
Mit leichteren Ruten ist auch der Überkopfwurf möglich, wobei nur darauf geachtet werden muß, daß der linke Arm gestreckt und nach links außen gehalten wird. Diese Wurftechnik mit Haken ist so leicht, daß sie keinerlei Trockentraining erfordert, sondern spontan nach zwei bis drei Versuchen am Wasser zum Erfolg führen wird, sobald die Koordination zwischen dem unbewegten linken und dem werfenden rechten Arm stimmt.

Gewässergrund erkunden und ausloten

Bevor ein neues Gewässer oder eine neue Angelstelle beangelt werden kann, muß geklärt werden, ob dies überhaupt möglich ist – es könnte ja sein, daß die Wasseroberfläche zwar glatt erscheint, aber auf dem Grund abgebrochene Bäume oder andere Hindernisse das Befischen dieser Stelle verhindern. Es wäre ein großer Verlust an Zeit und Material, wenn mit viel Aufwand eine Futterstelle angelegt würde und dann nach jedem Wurf die Montage verlorenginge, weil sich Blei und Haken in den Ästen eines versunkenen Baumes verfangen oder man hinterher feststellt, daß das kostbare Futter in einem toten Schlammloch versenkt wurde!
Um zunächst einen groben Eindruck vom Gewässerboden zu erhalten, eine kräftige Grundrute aufbauen, eine Rolle mit 0.30er Schnur anbringen und eine Bleibombe mit 30 bis 50 g Gewicht anbinden. Die Bombe einwerfen und langsam über den Boden schleifend wieder einholen. Diesen Vorgang jeweils um ein bis zwei Meter nach links oder rechts versetzt wiederholen, bis alle in Frage kommenden Angelstellen erkundet sind. Diese Technik vermittelt die Lage von Hindernissen, aber auch wichtige Eindrücke über die Bodenstruktur – wo Schlammzonen, Sand- und Kiesböden oder Krautbetten liegen.
Nun wird anstelle der Bleibombe die Lotmontage aufgebaut. Als Lotpose kann jeder schwere Schwimmer (auch ein Hechtproppen) mit mindestens 20 g Tragkraft dienen. Mit der Lotmontage die geplante Angelstelle überwerfen und mit offenem Rollenbügel die Montage absinken lassen. Nun mit der linken Hand Schnur von der Rolle ziehen – immer gleichmäßig von der Rolle bis zum ersten Ring, bis der Schwimmer an der Oberfläche erscheint. Tut er dies nicht, ist der Boden schlammig und das

Blei ist versunken, wobei die Schnur im Schlamm gefangen ist. Die Montage wird zurückgezogen, bis fester Boden die Schnur wieder freigibt und die Pose nach oben steigt. Wenn z.B. fünfmal Schnur gegeben werden muß und die Entfernung Rolle zu Ring etwa 50 cm beträgt, ist das Wasser an dieser Stelle 2.50 m tief. Nun Vorgang im Abstand von 1 bis 2 m wiederholen, wobei die Montage jedesmal näher herangezogen wird, um jede Vertiefung oder Erhebung wie Scharkanten, Gumpen oder Sandbänke aufzufinden. Dann ein wenig daneben neu einwerfen und wiederholen, bis die Fläche fächerförmig erkundet ist.

Wenn das Gewässer häufiger und an verschiedenen Stellen beangelt werden soll, ist es ratsam, sich eine kleine Skizze mit den markanten Merkmalen und den wichtigsten Meßpunkten anzulegen. Diese Skizze erlaubt auch später, interessante Stellen punktgenau wiederzufinden!

Futterstelle kennzeichnen – Marker setzen

Wenn mit Hilfe des Grundsuchers eine Angelstelle bestimmt wurde, ist dem Angler daran gelegen, sie möglichst genau wiederzufinden, um bei jedem Füttern oder Einwerfen der Montage – auch an späteren Tagen – die richtige Stelle wiederzufinden.

Die einfachste Methode ist, sich an Markierungen auf der Wasserfläche zu orientieren, wie sie sich überall durch Spiegelungen von markanten Bäumen am anderen Ufer, einem Haus etc. ergeben. Die Methode funktioniert allerdings nicht, wenn die Oberfläche durch Wind stark gekräuselt ist!

Genauer ist die Technik, bei der sich der Angler für die Richtung einen markanten Punkt gegenüber, wie eine einzelne Baumspitze, als Zielhilfe merkt, der auch bei Nacht sichtbar ist, falls der Angler bei Dunkelheit fischen will. Für die korrekte Entfernung bindet man nach dem ersten Einwurf einen Stopperknoten aus feinem Garn über der Rolle auf die Schnur.

Hört man beim Wurf den Knoten durch die Ringe gleiten, wird der Wurf sanft abgestoppt und die Montage zurückgespult, bis der Knoten vor der Rolle sitzt. Vorteil dieser Methode ist, daß sie auch bei Nacht funktioniert. Wenn der Angelplatz aufgegeben wird und der Stopper daher entfernt werden soll, hält man ihn beim letzten Einholen der Montage zwischen zwei Fingern fest und dreht langsam die Montage ein, bis das Blei unter der Rutenspitze sitzt, und zieht den Stopper nach Abbau der Rute von der Schnur.

Eine sehr exakte Methode besteht darin, den Grundsucher, der bereits für die Gewässererkundung und zum Ausloten der Tiefen eingesetzt wurde, als markante Zielhilfe etwas oberhalb der Futterstelle zu plazieren und dort während des Fischens stehen zu lassen. Die Grundsucherrute wird in ausreichender Entfernung vom Angelplatz abgelegt, um die anderen Ruten nicht zu behindern. Wenn der Gewässergrund bis zur Futterstelle sauber und hängerfrei ist, wird mit einem Karabiner ein zweites Blei mit etwa 30 g vor der Rutenspitze in die Schnur gehängt. Es gleitet von der Rutenspitze abwärts in das Wasser und zieht die Schnur hinab zum Grund. Mit der Rolle wird nun die Schnur gestrafft. So liegt sie zwischen Rute und Futterstelle glatt auf dem Boden und bildet bei einem Drill kein Risiko, von dem Fisch eingefangen zu werden.

In der Endphase des Drills, wenn der Fisch am Ufer auf und ab zieht, muß natürlich darauf geachtet werden, daß er nicht hinter der Schnur entlangschwimmt, die von der Rute herabhängt. Sollte es trotz aller Aufmerksamkeit dennoch passieren, daß sich der Fisch in der Schnur der Grundsucherrute verfängt, muß schnell der Rollenbügel dieser Rute geöffnet werden – so kann der Fisch problemlos ausgedrillt und nach dem Landen von der zweiten Schnur befreit werden.

Erfahrungsgemäß geschieht dies allerdings nur im äußersten Extremfall, da ja der Fisch möglichst in einigem Abstand vom Angler ausgedrillt wird!

Technik des Anfütterns

Sinn des Fütterns ist erstens, die Reizwirkung des Hakenköders zu verstärken und ein weitreichendes Geruchssignal zu verbreiten, das die Fische aufmerksam macht und zu der Angelstelle lockt. Zweitens soll es die Fische konzentriert auf einer Stelle zum Fressen verleiten und sie an der Angelstelle halten, bis sie den Hakenköder aufgenommen haben.

Die Lotmontage läßt sich auch als Marker für die Futterstelle einsetzen

Anfüttern: Die Futterkugel wird per Hand auf die Futterstelle geworfen

Dabei ist es wichtig, so dicht wie möglich am Futter zu fischen. Im Stillwasser ist dies leicht, da das Futter nicht abgetrieben wird, sondern in der Regel (abgesehen von eventuellen Unterströmungen) direkt unter der Einwurfstelle liegenbleibt. Im Fließwasser wird das Futter mit der Strömung abgetrieben – man wird also je nach Strömungsstärke das Futter oberhalb der Angelstelle einwerfen. Die Pose macht es leicht, die Stelle zu finden, an der das Futter am Boden liegengeblieben ist – hier wird sie regelmäßig abtauchen, sobald sich Fische am Futter versammelt haben. Der Bodenbleiangler hat es da schwieriger – sein Hakenköder treibt nicht durch die Futterspur, sondern ruht an der Einwurfstelle, bis ein Fisch ihn findet. Daher empfiehlt sich für ihn der Einsatz eines Bait Droppers oder die Verwendung von Taktiken mit Futterkörbchen, wie sie in Teil 6 beschrieben werden.

Futterköder werden – besonders im Stillwasser – auf kürzere Distanz mit dem Katapult eingeschossen. Der Vorteil: kein lautes Aufklatschen der einzelnen Futterpartikel. Der Nachteil im Fließwasser: das Futter wird abgetrieben und dabei über eine lange Strecke verteilt.

Alternativ dazu kann ein Bait Dropper an das Vorfach gehängt werden, der eine kleine Ladung Futterköder aufnimmt und geschlossen zum Grund transportiert, wo er sich selbsttätig öffnet und eine eng begrenzte Futterstelle bildet. Der Vorgang kann beliebig oft wiederholt werden, bis sich eine Futtermenge nach Bedarf angesammelt hat. In der Strömung wird zwar auch der Dropper abgetrieben, aber die Lage der Schnur verrät die Position, wo er den Boden erreicht. Und da am Boden die Strömung am geringsten ist, läßt sich vermuten, daß das Futter dort liegen bleiben wird – besonders, wenn man vorher mit dem Lotblei eine Vertiefung gefunden hat.

Das Füttern mit Futterködern empfiehlt sich auf einzelne, größere Fische wie Schleie, Karpfen, Barbe oder Döbel. Schwarmfische wie Brassen, Plötzen, Rotfedern oder Hasel werden mit Futterballen angefüttert, die aus der Grundfuttermischung geformt und mit der Hand an die Angelstelle geworfen werden. Je nach Größe der Fischschwärme darf die Futterstelle mit mäßig bis reichlich Futter angelegt werden. Die Regel für das Nachfüttern lautet bei allen Futtertaktiken: mäßig, aber regelmäßig. Die Menge für „mäßig“ orientiert sich an Zahl und Größe der Fische, die an der Angelstelle vorzufinden sind – große Schwärme erfordern große Futterballen in kurzen Abständen, kleine Schwärme entsprechend weniger. Als Anhaltspunkt: Alande und große Brassen vertilgen riesige Mengen Futter – will man sie am Platz halten, muß ständig nachgefüttert werden!

Aufbau der Angelstelle

Wichtig ist als erstes, sich der Angelstelle leise und unauffällig zu nähern und soweit es möglich ist, natürliche Deckung dabei zu nutzen. Falls in Ufernähe gefischt werden soll, ist es ratsam, einen Sicherheitsabstand vom Ufer zu halten und die Angelrute soweit es geht zurückzuziehen, sodaß nur die Spitze über das Wasser ragt. Ein sitzender Angler ist weniger auffällig als ein stehender – deshalb möglichst eine Sitzgelegenheit verwenden! Den Sitz wackelfrei und standfest aufstellen, damit er nicht beim ersten überraschenden Biß polternd von der Uferkante rutscht. Auch die Rutenhalter sicher und solide im Boden befestigen. Die Rute in Griffnähe aufbauen. Auch der Kescher sollte aufgebaut in Griffnähe liegen und zwar so bereitgelegt, daß sich das Netz nicht im entscheidenden Moment verhängen kann.
Alles Zubehör, das während des Angelns ständig gebraucht wird (Ködernadeln, Hakenlöser, Zange und die Köder) in Nähe der freien Hand ablegen – also links, wenn die Rute mit der Rechten bedient wird.

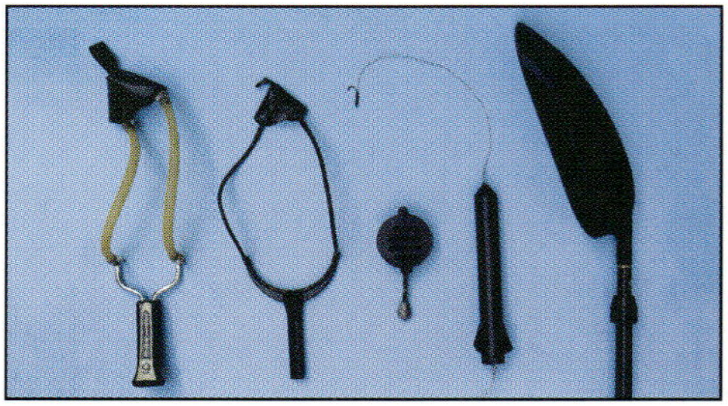

Hilfsmittel zum Füttern: Weitschuß-Katapult für Hartköder oder kleine Futterballen, Madenkatapult, Bait Dropper, Bait Rocket und Futterkelle

Aufbau mit Schwingspitzrute

Anschlag und Drill

Wenn der Bißanzeiger signalisiert, daß der Köder genommen wurde, muß schnellstens der Anhieb gesetzt werden, um den Fisch sicher zu haken. Dabei ist der richtige Zeitpunkt entscheidend für den Erfolg und es gehört einige Erfahrung zur Beurteilung der Lage, denn die einzelnen Fischarten unterscheiden sich erheblich in ihrem Beißverhalten und auch die Art der Montage und die Ködergröße provozieren sehr unterschiedliche Bisse – vom zaghaften „ping ping" bis zum herzhaften Fluchtbiß – einem „Run", wie die Spezialisten sagen. Ein kurzes Vorfach kann zu spitzen und vorsichtigen, aber auch zu schnellen, entschiedenen Bissen führen. Ein langes Vorfach läßt die Bisse sich langsamer entwickeln. In stark befischten Gewässern können Karpfen bei freilaufender Montage möglicherweise ihr Interesse nur mit leichten Zupfern bekunden, während Fluchtmontagen mit festem Blei eine Flucht mit entsprechend deutlicher Anzeige provozieren.

Die Plötze wird schnell und hart zugreifen und so einen schnellen Anhieb erfordern, während sich Brassen und Schleie reichlich Zeit lassen bei der Nahrungsaufnahme und entsprechende Geduld des Anglers erwarten, bis ein entschiedenes Bißsignal signalisiert, daß der Zeitpunkt für den Anhieb gekommen ist.

Den Fisch an seinem Biß erkennen und richtig reagieren zu können, ist eine Frage der Übung und es wird am Anfang sicher zu häufigen Mißerfolgen kommen. Aber als Trost sei gesagt, daß es auch dem erfahrensten Angler nicht gelingt, jeden Biß in einen Fangerfolg umzuwandeln.

Damit der Anhieb nicht „ins Leere" geht, sollte sich – von speziellen „Profitechniken" abgesehen – kein Schnurbogen gebildet haben. Es ist zumindest für den Anfänger wichtig, die Schnur stets gestrafft zu halten, was sich wegen einer klaren Bißanzeige ohnehin empfiehlt, bzw. um die Pose unter Kontrolle zu halten, wenn nicht mit Grundblei geangelt wird. Sollte sich ein Bogen gebildet haben, vor dem Anhieb erst die Schnur aufspulen, bis der Kontakt zur Endmontage hergestellt ist – allerdings, ohne dabei das Blei zu bewegen, um den Fisch nicht zu vergrämen!

Der Anschlag wird weich, aber entschieden und schnell durchgeführt. Die Kraft, die in den Anhieb gelegt wird, sollte der Stärke der Rute und der Schnurtragkraft angemessen sein. Das Resultat einer Überstrapazierung läßt sich wohl deutlich ausmalen!

Wenn sich am Widerstand der Erfolg spürbar macht, der Fisch also gehakt wurde, wird die Rute bei straff gehaltener Schnur in 1 Uhr-Stellung gehalten. Je nach Kraft der Beute kann der Fisch nun geführt und herangekurbelt werden. Sollte sich zeigen, daß der Fisch sich das nicht ohne weiteres gefallen läßt, muß seinem Fluchtverlangen nachgegeben und ihm erlaubt werden,

Schnur von der Rolle zu ziehen. Die Bremse sollte daher bei eingeschalteter Rücklaufsperre so weit gelöst sein, daß der Fisch abziehen kann, ohne die Schnur zu sprengen. Sobald es der Fisch zuläßt, die Rute bis in 11 Uhr-Stellung zurückführen und dann die Schnur aufspulen, wobei der Angler die Rute gleichzeitig bis 3 Uhr senkt. Diesen Vorgang so oft wiederholen, wie es der Fisch erlaubt, bzw. bis er sich in Reichweite des Keschers zeigt.

Landen und Versorgen

Wenn der Fisch „weiß zeigt", nämlich in seitlicher Lage seine hellen Flanken sehen läßt, gibt er seine Ermüdung zu erkennen.

Nun den Kescher bis kurz unter den Spreizblock in das Wasser tauchen und den Fisch über das Netz führen – niemals mit dem Netz die Beute suchen! Und darauf gefaßt sein, daß er bei dieser Annäherung einen letzten, gewaltvollen Fluchtversuch unternimmt, der ihm häufig noch die Freiheit bringt, wenn der Angler nicht sofort mit weicher Nachgiebigkeit reagiert. Viele Angler haben sich wegen dieses kritischen Augenblicks angewöhnt, erst die Bremse zu lösen und den Fisch nur mit dem Finger am Spulenrand zu halten, bevor er gekeschert wird, um ihn nicht im letzten Augenblick zu verlieren.

Sobald das Netz die Beute birgt, Rute ablegen. Netz leicht anheben und heranziehen. Erst jetzt den Kescher aus dem Wasser heben. Ist der Fisch nicht groß, wird er mit einer Hand aus dem Netz genommen und mit der anderen mit Hilfe des Hakenlösers vom Haken

Der Fisch wird mit dem Hakenlöser vorsichtig vom Haken befreit

befreit. Die Hand vorher (z.B. am nassen Netz) anfeuchten, um nicht die Schleimhaut zu verletzen. Selbstverständlich darf der Fisch auf keinen Fall mit einem Handtuch oder Handschuh gegriffen werden!

Bei Weißfischen kann es passieren, daß der Haken nicht in der Lippe sitzt, sondern tiefer zwischen den Schlundzähnen. Hier muß die Operation besonders vorsichtig erfolgen. Der Hakenlöser wird sanft an der Schnur entlang bis vor die geschlossenen Schlundzähne geführt. Dann solange ganz leicht auf das hintere Ende des Lösers klopfen, bis der Fisch den Schlund öffnet und der Haken mit einer leichten Drehung gelöst werden kann. Mit ein wenig Geduld und Vorsicht wird der Haken auch aus dieser tiefen Lage befreit, ohne den Fisch zu verletzen!

Bei einem großen Fisch wird der Kescher nicht mit dem Stock aus dem Wasser gehoben, da kein Stiel das Gewicht tragen kann.

Er wird mit dem Netz im Wasser herangezogen und dann mit beiden Händen an den Schenkeln, die das Netz spreizen, herausgehoben. Der Rollenbügel ist dabei geöffnet, sodaß die Rute auf ihrer Ablage bleiben kann und genügend Schnur abläuft, während der Haken noch in der Fischlippe sitzt. Viele Spezialisten schneiden nun die Hauptschnur dicht am Wirbel ab und sichern die Endmontage mit einem einfachen Überhandknoten oberhalb des Bleies und sind dann während der Versorgung der Beute völlig unbehindert. Danach wird der Wirbel mit dem entsprechenden Knoten wieder angebunden – der zusätzliche Vorteil liegt darin, daß der während des Drills strapazierte Knoten dabei erneuert wird. Die Rute bei dieser Aktion mitzunehmen und neben dem Fisch auf den Boden zu legen, ist nicht sehr empfehlenswert, da sich nach der Landung eines großen Fisches häufig sehr bald Zuschauer einstellen, die sich als besten Standort selbstverständlich immer die Rutenspitze aussuchen (abgesehen davon, daß auch der Angler selbst in seiner freudigen Erregung unkontrolliert umherstolpern kann). Der Fisch wird mit dem Kescher auf einer weichen Unterlage (einem Stück Schaumgummimatte von 40 x 80 cm oder besser noch einer richtigen Versorgungsmatte) abgelegt und dort vom Haken befreit. Auf der Matte ausgebreitet liegt ein tropfnasser Wiegesack, um nicht die Schleimhaut des Fisches zu verletzen und für den Fall, daß der Fisch gewogen werden soll, damit er nicht nach dem Abhaken umgebettet werden muß.

Beute für den Kochtopf wird mit einem Schlag des Fischtöters auf die Schädeldecke in Höhe der Kiemendeckel betäubt (bei kleineren Fischen bricht hierbei bereits die Wirbelsäule, sodaß sie nicht zusätzlich abgestochen werden müssen) und dann mit Herzstich getötet, indem das Messer zwischen den Brustflossen angesetzt und dann

Solch ein schöner Fisch darf auch für die Kamera posieren

zügig schräg nach oben geführt wird. Obwohl die rechtliche Lage zur Zeit nicht ganz klar und in den einzelnen Bundesländern zudem unterschiedlich ist, scheint eine Hälterung der Fische teilweise wohl doch erlaubt zu sein, wenn sie zum Verzehr anschließend mitgenommen werden. Vor dem Fischen sollte der Angler auf jeden Fall die rechtliche Situation am Gewässer klären. Fest steht jedoch, daß den Fischen unnötiges Leid erspart bleiben muß.

Fischgerecht ist die Hälterung in einem weichen Setzkescher, maschenlosen Karpfensack, in dem jeweils nur ein einziger Fisch aufbewahrt wird. Dabei ist unbedingt darauf zu achten, daß die Sauerstoffversorgung der Fische gewährleistet ist. In flachem Uferwasser ohne ausreichende Strömung kann es bei starker Sonnenbestrahlung zu Sauerstoffmangel kommen. Daher auf ausreichende Tiefe achten und im Sommer eine schattige Stelle suchen.

Natürlich ist der Wunsch, eine Erinnerung an einen besonders schönen Fang zu bewahren, verständlich. Erfreulicherweise begnügen sich immer mehr Angler mit einer Foto-Trophäe, statt sich einen präparierten Fisch als Staubfänger in die Wohnung zu hängen. Alle Kleinbildkameras besitzen heute einen Selbstauslöser, der für die Aufnahme genutzt wird, falls kein Angelpartner anwesend ist. Nach einem Blick durch den Sucher wird die Kamera im geeigneten Abstand auf einem Stativ abgestellt, z.B. einem Erdspieß, auf den über ein Adaptergewinde die Kamera geschraubt wird. Adaptergewinde gibt es im Angelgerätehandel. Während des Aufbaus liegt der Fisch geschützt im nassen Wiegesack eingewickelt oder

zwischen nassen Tüchern. Für die Aufnahme wird er kniend aufgenommen und dicht über der Matte gehalten, damit er weich und nicht tief fällt, falls er sich mit einem plötzlichen Schwanzschlag befreit.
Nach der Aufnahme wird der Fisch zurück auf den Wiegesack gelegt, zum Wasser getragen und erst im Wasser aus dem Tuch befreit. Als kleine Hilfe wird er mit dem Kopf zum offenen Wasser geführt und mit den Händen solange unterstützt, bis er die Orientierung wiedergefunden hat und mit deutlichen Schwimmbewegungen zu erkennen gibt, daß er abtauchen will.

Messen und Wiegen

Um sich die Daten eines Fisches im Fangbuch notieren zu können, wird der Fisch mit einem weichen Maßband vom vorderen Rand der Lippe bis zum Ende des längsten Schwanzlappens gemessen. Dann die Waage „nullen" und den nassen Wiegesack mit dem Fisch einhängen. Waage anheben, bis der Sack frei hängt und Gewicht ablesen. Das Gewicht des Wiegesackes abziehen und den Nettowert notieren.

Teil 5: Die Köder

Kleine Fliegenauswahl

Der Fliegenfischer setzt Imitationen der Wasserlebewesen ein, die sich in die folgenden Gruppen gliedern:

1. Trockenfliegen
2. Naßfliegen
3. Nymphen und Larven
4. Streamer
5. Reizfliegen

Eng verbunden mit der Kunst des Fliegenfischens ist die Kunst des Fliegenbindens, die für viele Angler einen großen Teil der Freude an ihrem Hobby birgt. Das Binden setzt eine genaue Kenntnis des Insektenlebens und der verschiedenen Entwicklungsstadien vom Ei bis zum flugfähigen Insekt voraus und der Lernprozeß wird neben dem Angeln eine weitere, lebenslang sich entwickelnde Liebhaberei erschließen.

Um sich den Anfangsgründen dieses Feldes ohne (kostspielige) Reibungsverluste durch typische Mißgriffe des Anfängers zu nähern, ist dem interessierten Neuling die Teilnahme an einem Fliegenbindekurs dringend zu empfehlen. Um ihm diese Mühe zu versüßen, sei versichert, daß es mehr als nur ein Vergnügen ist, einem Könner bei der Arbeit zuzusehen und unter seiner sachverständigen Anleitung selbst die ersten Wunderwerke zu zaubern!

Dies allerdings erst als zweite Stufe der Entwicklung, denn für den Anfang ist es völlig hinreichend, sich im Fachhandel mit einer kleinen Auswahl fertig gebundener Fliegen zu versorgen. Hierfür sei empfohlen, sich jeweils in der Nähe des Wassers, das man befischen will, mit den passenden Mustern zu versorgen, denn ein kompetenter Fachhändler kennt seine umliegenden Gewässer genau und weiß, welche Muster in der jeweiligen Jahreszeit und Wetterlage am fängigsten sind.

Als Ersatz für verlorene oder beschädigte Fliegen empfiehlt es sich, für jedes Muster mindestens ein bis zwei Fliegen in Reserve zu haben. Jedes der Grundmuster, die das erste Sortiment bilden, sollte auf drei bis fünf verschiedenen Hakengrößen vorrätig sein, da die Ködergröße vom Frühjahr mit den größten Mustern über die Saison bis zum Herbst bei gleichbleibenden Mustern stetig abnimmt:

Frühjahr – Forelle: 8 – 10,
Äsche: 14 – 16 / Sommer –
Forelle: 12 – 16, Äsche: 16 – 18
Herbst – Forelle: 16 – 18,
Äsche: 20 – 22.

Lebenskreislauf der Eintagsfliege:

Nach der Eiablage, die sich auf der Wasseroberfläche vollzieht, sinken die Eipakete zum Boden ab und entwickeln sich zu Nymphen. Das Nymphenstadium umfaßt mit bis zu drei Jahren die längste Zeit des Insektenlebens.

Die vollentwickelte Nymphe steigt zur Wasseroberfläche und schlüpft als Subimago (engl. „Dun“) aus ihrer Larvenhaut.

Bei trockener Witterung können die Flügel der Fliege noch innerhalb der Larvenhaut austrocknen, sodaß sie in ihrem eigenen Gehäuse gefangen ist und ertrunken von der Strömung abgetrieben wird. In diesem Stadium wird sie im Englischen „Stillborn" genannt.
Wenn ihr der Schlupf gelungen ist, sitzt die nahezu fertige Fliege als Subimago mit hochaufgerichteten Flügeln zum Austrocknen auf der Wasseroberfläche, die sie verläßt, sobald die Flügel völlig ausgehärtet sind.
Nach ihrem ersten Flug zum Land verwandelt sich die Subimago durch eine zweite Häutung in das fertige, geschlechtsreife Insekt, nun Imago (engl. „Spinner") genannt, das sich sofort für die Befruchtung einen Partner sucht.
Die befruchteten Imagoweibchen kehren zum Wasser zurück, um auf der Oberfläche ihre Eier abzulegen und dann zu sterben. Als engl. Spent Spinner treiben sie tot mit der Strömung ab und der Lebenszyklus entwickelt sich in den Eiern aufs neue.

Trockenfliegen:
Trockenfliegen werden auf dem Wasser schwimmend angeboten und imitieren Insekten im Subimago-Stadium oder Spinner, die zur Eiablage gekommen sind. Die Schwimmfähigkeit erhält die Trockenfliege in ihrer geflügelten oder ungeflügelten Form durch die vielen borstigen, gespreizten Hecheln. Nach einem Biß wird sie durch vorsichtiges Spülen gesäubert und durch einige Luftwürfe getrocknet. Zusätzlich kann sie gefettet werden, um die Schwimmfähigkeit zu fördern. Bei sehr gut gebundenen Fliegen ist das allerdings nicht nötig.
Eine Variation der Trockenfliege sind Imitationen von unabsichtlich auf das Wasser geratenen Landinsekten wie z.B. der Palmer als Imitation verschiedener Raupen, die von den Ästen der Uferbäume fallen.

Universelle Muster:
Goldfliege (Wickham's Fancy)
Palmer: Bivisible
Parachute: Royal Coachman
Märzbraune (March Brown)
Rehhaar-Caddis

Naßfliegen:
Naßfliegen werden eingesetzt, wenn die Nymphen aufsteigen und im Oberflächenfilm des Wassers hängenbleiben und ihren Schlupf vollziehen. Auch die tote Spent kann mit Naßfliegen imitiert werden. Da aber die toten Fliegen nur

geringen Nährwert besitzen, ist diese Art des Fischens nicht sehr bedeutend. Im Gegensatz zur Trockenen durchdringt die Naßfliege die Oberfläche aufgrund ihrer weicheren, nach hinten gebogenen Flügel und Hecheln. Durch das typische Erscheinungsbild der Flügel sind die beiden Arten leicht voneinander zu unterscheiden.

Universelle Muster:
Märzbraune (March Brown)
Goldfliege (Wickham's Fancy)
Peter Ross
Alexandra
Coachman

Nymphen:

Nymphen werden meist am Gewässergrund angeboten. Auffällig ist ihr deutlich schlichteres Erscheinungsbild, mit dem sie sich von den markanten Mustern der trockenen und nassen Fliegen unterscheiden – meist nur ein Kopf mit kurzen Hecheln, kurzer und kräftiger Körper und eventuell zwei bis drei Schwanzfäden.

Als von Sommer bis Herbst äußerst erfolgreich haben sich in den letzten Jahren die Goldkopfnymphen als Imitationen der Köcherfliegenlarven (engl. „Sedge") erwiesen, deren glänzender Kopf einen starken Reiz ausübt. Der Kopf aus massivem Metall sorgt außerdem für das nötige Gewicht, um die Nymphe schnell absinken zu lassen.

Während die Trockenfliege nur in den kurzen Schlupfzeiten fängt (der berühmte „Abendsprung"), fängt die Nymphe den ganzen Tag – natürliche Nymphen bilden die Hauptnahrung der Fische.

Besonders große Exemplare der Bachforelle steigen außerdem nicht mehr nach Fliegen auf der Oberfläche, da der Aufwand nicht lohnt – es sei denn, es würden sich die großen Steinfliegen oder Maifliegen zeigen, die Happen mit

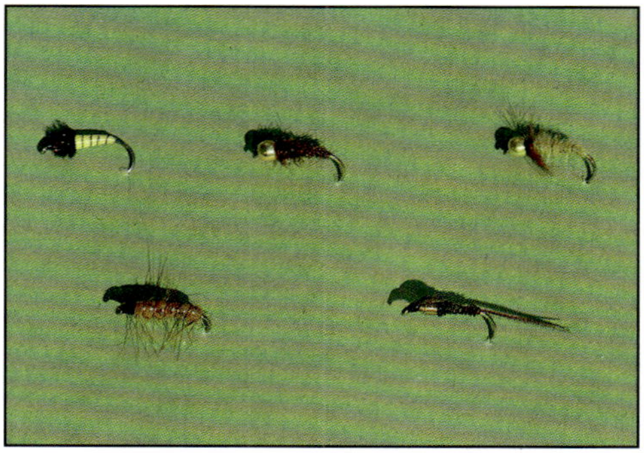

Universelle Muster:
Ritz D
Goldkopfnymphe ohne Hecheln
Goldkopfnymphe mit Hecheln
Bachflohkrebs (als Nymphe gefischt)
Fasanenschwanznymphe (Pheasant Tail)

ausreichendem Nährwert bieten. Beide Arten sind bei uns aufgrund der Verschmutzung der Natur allerdings selten geworden. Bemerkenswerterweise lohnt es sich allerdings dennoch, diese beiden Fliegen zu ihrer Schlupfzeit anzubieten – die Fische scheinen sich trotz des seltenen Auftauchens der Originale an sie zu erinnern.

Streamer:
Streamer imitieren Beutefischchen großer Salmoniden wie Koppen und Elritzen. Diese großen Kunstfliegen auf Haken der Größe 4, 6 oder 8 werden eingesetzt, um kapitale Salmoniden, aber auch Hechte, Zander und Barsche zu verführen. Um den Köder zügig zum Grund zu bringen, werden die Streamer an Sinkschnüren, bzw. sinkender Spitze angeboten – zumal sie verführerischer geführt werden können, je geringer ihr eigenes Gewicht ist.

Universelle Muster:
Muddler Minnow
Dog Nobbler
Matuka

Reizfliegen:
Die Reizfliegen imitieren im Unterschied zu den Streamern kein Beutetier, sondern verleiten die Fische durch auffällige, oft knallbunte Farben sowie die große Beweglichkeit weicher und langfaseriger Materialien zum Biß. Neben Salmoniden überlisten die Köder weitere Raubfische wie Barsch, Zander oder Hecht. Zu dieser Gruppe von Fliegen zählen ebenfalls die vielfach kunstvoll gebundenen Lachsfliegen.

Universelle Lachsfliegen:
Gary Dog
Hairy Mary
Blue Charm

Kunstködersortiment: Spinner, Blinker, Wobbler, Gummifische und Twisterschwänze in verschiedenen Farben und die dazugehörigen Bleiköpfe, diverse Tierimitationen, Systeme

Kleine Kunstköderauswahl

Die Kunstköder des Spinnfischers lassen sich in die folgenden Gruppen einteilen:

1. Spinner und Blinker
2. Fischimitationen
3. Weichköder
4. Systeme

Dieses farbenprächtige und formenreiche Feld bietet eine so reichhaltige Auswahl, daß wohl für jedes Gewässer und für jeden Fisch der Welt das erfolgreiche Modell zu finden sein dürfte. Die Wirkung der bunten Wunderwerke beruht auf dem optischen Signal aus Lichtreflexen und Farbtupfern in Verbindung mit der Bewegung, womit dem Raubfisch vorgegaukelt wird, leichte Beute befände sich in erreichbarer Nähe.

Der Schlüssel zum Erfolg liegt jedoch in der Art der Köderführung: unter anderem immer abwechselnd zupfen und sinken lassen. Den Köder taumeln oder seitlich ausbrechen lassen signalisiert oft genug einen kranken Fisch, der sich leicht vom Räuber greifen läßt.

Die Größe des Kunstköders richtet sich nach der Größe der Beutefische, die den Räubern zur Verfügung stehen, oder nach deren Vorlieben, wie der Zander eher kleine Beute zu schätzen scheint, aber auch nach der Größe der Räuber: ein Großhecht wird sich wohl eher von einem lohnenden Bissen locken lassen.

Eine Grundregel für die Wahl der Köderfarbe lautet: helles Wasser – dunkle Köder, dunkles Wasser – helle Köder. Wie alle Faustregeln stimmt natürlich auch diese nicht immer und überall und man wird es in der Praxis probieren müssen, wenn man ein Gewässer nicht genau kennt.

Spinner und Blinker:

Dies ist wohl die bekannteste Kunstködergruppe, bei der die Reizwirkung von einem in etwa löffelförmigen Blechstück ausgeht. Während es beim Blinker unter Zug an der Schnur oder durch die Strömung mehr oder weniger heftig durchs Wasser taumelt, rotiert es beim Spinner um eine lange Mittelachse aus Draht. Am unteren Ende beider Köder sitzt in aller Regel ein Drillingshaken, auf der anderen Seite findet der Karabiner des Wirbels oder die direkt angeknotete Schnur in einer Öse oder einem am Köder befestigten weiteren Wirbel den richtigen Halt.

Die gebräuchlichsten Farben sind Silber, Gold und Rot, daneben ist aber jede mögliche Farbe und Farbkombination bis hin zu tiefem Schwarz vertreten. Heintz und Mepps sind die Namen berühmter Blinker- und Spinnermodelle, die seit Jahrzehnten gute Fänge bescheren.

Fischimitationen:

Die Wobbler mit hartem und die Gummifische mit ihrem weichen Silikonkörper bilden Beutefischchen nach. Die aus Holz oder Hartplastik gefertigten Wobbler sind am Kopf mit einer kleinen Schaufel versehen, die ihnen je nach Stellung eine unterschiedliche Lauftiefe verleiht – von schwimmenden Oberflächenmodellen bis zu Tiefläufern. Bei einigen Modellen ist die Schaufel verstellbar, sodaß durch die Einstellung die Lauftiefe individuell gewählt werden kann. Eine weitere Generation von Wobblern fügt dem optischen ein akustisches Signal hinzu – im Innern des Wobblers rasseln kleine Kugeln und sorgen so für ein lockendes Geräusch. Die Gummifische zeigen als Reizwirkung eine besonders große Beweglichkeit. Aufgrund ihres geringen Gewichtes werden sie in Verbindung mit einem Haken eingesetzt, hinter dessen Öhr ein runder oder abgeflachter Bleikopf sitzt. Das Gewicht wählt der Angler nach gewünschter Wurfdistanz und Lauftiefe des Köders.

Weichköder:

Neben den Gummifischen besteht das Angebot an unterschiedlichen Weichködern, deren Urform wohl der heute noch äußerst beliebte Twisterschwanz ist, aus Reizschwänzen in allen Farben, Formen und Größen und Imitationen aller erdenklichen Kleintiere, die am und im Wasser leben: Krebse, Mäuse, Frösche und vielen weiteren Formen. Tatsache ist, daß alle diese realen Nachbildungen wie die reinen Fantasiegebilde fangen – wie immer im Leben kommt es nur auf die richtige Wahl zur richtigen Zeit am richtigen Fleck an. Die mit der Praxis wachsende Erfahrung bietet hier die entscheidende Hilfe.

Systeme:
Spinnsysteme bestehen aus einer Metallkonstruktion mit Haken, an der ein toter Köderfisch befestigt wird, wodurch nicht nur der optische, sondern auch ein starker Geruchsreiz vom Köder ausgeht.

Angelei auf Schwarmfische wie Plötze, Rotfeder und Brassen, sowie Barbe oder Schleie und meist an der Posenrute eingesetzt.

Insekten: Bachflohkrebse und Köcherfliegenlarven sind hervorragende Köder für die Fischarten der Äschen- und

Tierische Köder: Tauwurm, Laubwurm, Made, Caster, Flohkrebs, Grashüpfer, Mehlwurm

Natürliche Köder

Wurm: Tauwürmer (bis 25 cm), Laub- und Regenwürmer (bis 15 cm) als bekannteste und sehr verbreitete Universalköder fangen größere Exemplare aller Fischarten, die sich vom Kleingetier der Gewässer ernähren.

Made: Maden, Pinkies (eine kleinere Madenart) und Caster (frische, hellbraune Madenpuppen) fangen alle Fischarten (gelegentlich sogar Hecht und Wels!), werden aber gezielt bei der

der Barbenregion. Da es nicht möglich ist, sie zu hältern, werden sie direkt beim Fischen nach Bedarf unter den Ufersteinen gesammelt. Larven wie von Zuckmücken oder Wespen gelten als exellente Köder für viele Fischarten, sind aber schwierig zu erhalten und relativ teuer.

Brot: Als Flocke (das Innere einer Brotscheibe), Kruste (Rand mit einem Fetzen der weichen Brotscheibe) oder Knetpaste (das Innere der Brotscheibe zwischen den Fingern geknetet) ist Brot einer der fängigsten Universalköder für alle Cyprinidenarten. Die Größe des Köders richtet sich nach der Fischart, auf die man es abgesehen hat.

Teig: Wie Brot ein Universalköder für die Cypriniden der Brassenregion. Kann aus Brot oder Zwieback (Wasser einkneten) und allen Mehlsorten hergestellt werden. Wenn dem Mehl Haferflocken und ca. 20% Weizengluten zugegeben werden, erhält der Teig eine hervorragende Bindung und Haltbarkeit am Haken. Die Zugabe von Lockstoffen wie Zucker, Honig, Vanille, Zimt, flüssigen Aminosäurekonzentraten und Flüssigaroma erhöht den Geruchs- und Geschmacksreiz des Köders beträchtlich.

Boilies: Durch Kochen verfestigte Teigkugeln aus speziellen proteinhaltigen Teigmischungen und einem hocheffektiven Flüssigaroma als Lockstoff, die sich als äußerst erfolgreiche Standardköder für Karpfen seit vielen Jahren bewährt haben. Für den Anfänger, der es mit eigenen Boilies probieren will, ist eine fertige Trockenmischung zu empfehlen, der er sein favorisiertes Aroma beimischt oder er versucht es zunächst mit hochwertigen Fertigboilies, bis er ausreichende Erfahrung für eine Eigenproduktion gesammelt hat.

Käse: Kräftige Hartkäsesorten werden in kleine Würfel geschnitten und über Nacht in Milch gelegt. Weichkäse kann mit Mehl verquetscht als Käsepaste verwendet werden. Sehr erfolgreich unter anderem auf Döbel, Barbe und andere große Cypriniden.

Frühstücksfleisch: In Würfel von 1 bis 2 cm Kantenlänge geschnitten sehr

Natürliche Köder: Brot, Teig, Boilies, Käse, Frühstücksfleisch, Mais, Kichererbsen, Angelweizen, Forellenpellets

reizvoll für Döbel und Barbe. Würzige, aber salzarme Sorten haben sich als besonders erfolgreich erwiesen.

Mais: Süße Maiskörner dürfen neben Maden und Brot als die erfolgreichsten Universalköder aller Zeiten gelten. Die süßen, weichen Körner aus der Konservenbüchse fangen alle Friedfischarten.

Kichererbsen und große Bohnenarten: Döbel, Aland, Schleie und Karpfen reagieren sehr positiv auf alle großen Hülsenfrüchte, wenn mit ihnen einige Tage angefüttert wurde. Weichgekochte Bohnen werden auch von kleineren Cypriniden wie Brassen oder großen Plötzen genommen, halten jedoch schlecht am Haken.

Grundfutter

Alle Hakenköder werden auch als Futterköder eingesetzt, um einen kleinen Futterteppich anzulegen, der die Fische zum Fressen animiert (über dem Futter wird der Köder angeboten). Dazu als Futterköder kleine Körner wie Hanf und Weizen. Hanfkörner sind als Lockfutter für alle Cypriniden extrem wirksam!

Zubereitung von Körperködern wie Hanf, Weizen, Kichererbsen, Bohnen: 24 Stunden in Wasser quellen lassen, dem Zucker und ein Aromastoff zugegeben werden kann und dann 15 bis 20 Minuten kochen.

Grundfuttermischung: Paniermehl, Haferflocken und einen Aromazusatz in flüssiger oder Pulverform gut vermischen und soviel Wasser zugeben, daß sich aus der Mischung feste Kugeln formen lassen, die beim Wurf nicht auseinanderbrechen. Sehr wirkungsvoll sind konzentrierte Zusätze wie für Stillwasser mit Futterwolkenbildung oder mit starker Bindung für Fließwasser. Diese Konzentrate werden mit Panier-

Hanf, Weizen, Paniermehl, Maismehl, Biskuitmehl, Erdnußmehl, Rösthanf, Futterkonzentrat, Flüssiglockstoff, Waffelbiskuit

mehl gestreckt (empfohlen im Verhältnis 1 : 4, ohne weiteres aber auch bis 1 : 10 möglich). Sie enthalten Proteine und sind mit unterschiedlichen Aromakompositionen auf die Bedürfnisse verschiedener Fischarten ausgerichtet. Welche Mischung sich als erfolgreich erweist, kann sich allerdings erst nach mehreren Versuchen zeigen. Als Starthilfe: Brassen lieben süße, Plötzen eher würzige und Karpfen fruchtige Mischungen, Barbe und Döbel mögen den Geschmack von Käse oder Fleisch. Im Stillwasser darf sich die Futterkugel bereits beim Aufschlag auflösen und unter Bildung einer Futterwolke zu Boden sinken. Im Fließwasser muß die Kugel so fest sein, daß sie sich erst am Grund nach und nach auflöst, um nicht die Fische von der Angelstelle wegzufüttern. Biskuitmehl und Lehmpulver geben den Kugeln bessere Bindung. Eine Handvoll Maden dem Futter beigemischt, erhöht den Reiz beträchtlich!

Teil 6: Die Angelmethoden

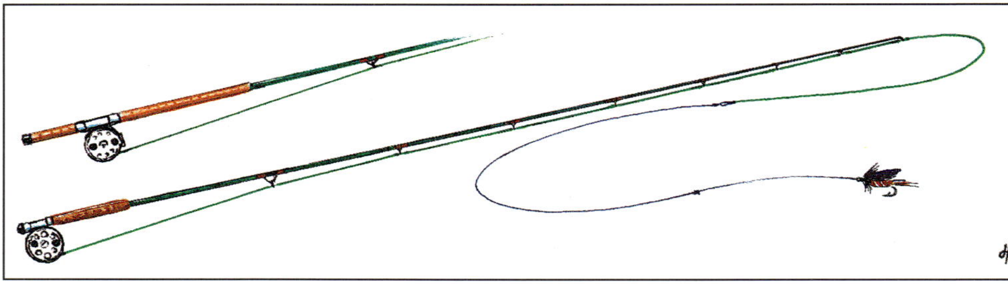

Fischen mit der Fliegenrute

Der wohl größte Reiz, die Kunstfliege zu fischen, liegt in der urwüchsigen Landschaft und der Anziehungskraft ewigschöner Gewässer – der oftmals grandiosen landschaftlichen Bühne, auf der sich das Fischen mit den Miniaturkunstwerken vollzieht, die als Imitationen dem Leben nachgeschaffen wurden. Man denke sich, wie der Fliegenfischer watend im seichten Wasser des Forellenbaches steht und spielerisch die Leine schwingt und die Fliege sanft vor dem Ring einer gerade eben gestiegenen Forelle serviert – während der Bach mit seiner klaren Forschheit sich fast unbemerkt durch die von Fels begrenzten Wiesen schlängelt. Oder die ins Bild gerückte Bergkulisse, vor der ein reißendes Wasser wutgrollend durch seine tiefgefräste Rinne jagt, jedes Hindernis über die Jahrtausende hinweg zernagend. Dabei so ehrfurchtgebietend machtvoll, daß kein Angler es wagen dürfte, seinen Fuß in das undenkbar alte Gewässer zu stellen! Und der Angler selbst? Er hat viel zu lernen! Die technische Seite – die Montage von Rolle und Rute, Schnur und Vorfach und Zusammenstellung eines reichhaltigen Ködersortiments – ist nur der kleinere Teil. Das wichtigste: er muß lernen, zu beobachten! Er muß die Fischarten bereits im Wasser unterscheiden – nicht nur, um die Schonzeiten einzuhalten! Bereits der erste Schritt ans Ufer gilt dem Aufspüren der Beute durch Beobachten des Wassers, wobei eine Polarisationsbrille die Spiegelungen auf der Oberfläche weitgehend beseitigt und dadurch ermöglicht, einzeln am Grund stehende Fische zu erkennen und die Arten zu unterscheiden.

Wie verhalten sich die Fische? Stehen sie zwischen Quellmoosbüscheln versteckt, um sich nur gelegentlich durch aufblitzendes Silber und mit einem schnellen Flossenschlag zu verraten, mit dem sie einer vorbeitreibenden Beute zusteuern? Wenn einzelne Fische steigen: um welche Fischart handelt es sich und nach welchen Insekten greifen sie? Zeigt sich der Zugriff als eher temperamentvoller, herzhafter Forellenbiß, der kräftige, weitlaufende Ringe hinterläßt

oder als spitzmündiger, sanfter Äschenkuß, dem nur kleine Ringe folgen?
Und er muß lernen, die Vielfalt der Insekten durch ihr arttypisches Flugverhalten zu unterscheiden – erkennen, welche Insektenart gerade in Scharen schlüpft oder ihre Eier ablegt und damit heißhungriges Interesse der Fische auslöst.
Er wird sich auch dafür interessieren, wie sich das Kleingetier zur Larve entwickelt und welches Leben es entfaltet, um das Dasein kunstvoll zu imitieren.
Schließlich beginnt er, schrittchenweise, sich der Kunst des Fliegenbindens anzunähern – spätestens, sobald er erfahren hat, wie es ist, wenn die Fische beharrlich nach einem Muster steigen, das sein Sortiment nicht enthält und folglich seine Angebote ignorieren! Wie schön wäre es, sofort am Ufer in der Lage zu sein, das entsprechende Muster herzustellen! So vereint das Fliegenfischen drei große Leidenschaften: Angeln, Insektenkunde und Fliegenbinden.
Die ersten Schritte sind getan – der Angler hat sein Gerät montiert und am Bach einen Fisch mit gutem Maß ausgemacht. Die Polbrille, die ihm geholfen hat, die Oberfläche zu entspiegeln und die Fische an ihren Standorten zu beobachten, schützt nun ebenso wie sein Hut die Augen vor schädlichen Reflexionen des scharfen Sonnenlichtes und vor fehlgeleiteten Fliegenhaken.
Die Watstiefel ermöglichen ihm, bei zu starkem Uferbewuchs oder für den Wurf vom Gewässerrand aus zu breite Gewässer ins Wasser zu laufen.
Aufmerksam beobachtet der Angler, nach welcher Insektenart die Fische greifen. Erscheint diese Art in Massen, ist es wenig sinnvoll, den Fischen etwas anderes anzubieten, denn sie widmen sich dieser Beute mit völliger Ausschließlichkeit und alles andere bleibt unbeachtet! Steigen die Fische nach Insekten an der Oberfläche – wie bei einem Massenschlupf oder während der Eiablage, dürfte es dem Angler mit etwas Geschicklichkeit gelingen, ein auf dem Wasser vorbeitreibendes Insekt zu greifen und zu untersuchen. Ein entsprechendes Muster der passenden Größe präsentiert er trocken oder naß – wie erforderlich.
Im Fluß steht der Fischer vor der Wahl, seinen Köder stromauf, querab oder direkt stromab anzubieten. Am einfachsten geht es stromab, da unter anderem die Trockenfliege kaum von der Strömung aus dem angestrebten, natürlich mit dem Wasser schwimmenden Weg gerissen wird. Außerdem sieht der Fisch stets zuerst die Fliege, nur ein sehr verunglückter Wurf läßt dem Vorfach den Vortritt. Darauf reagiert vor allem die Äsche äußerst empfindlich. Ähnlich problemlos funktioniert der Wurf quer zur Strömung, sofern sie auf der Länge der auf dem Wasser liegenden Schnur nicht unterschiedliche Geschwindigkeiten aufweist. Denn ein schnellerer Streifen zieht die Fliege rasch aus ihrer natürlichen Drift und

der Fisch erkennt die Täuschung. Das Fischen stromauf bietet beim Fischen mit der Trockenfliege lediglich den Vorteil, daß der mit dem Kopf gegen die Strömung stehende Fisch den von hinten nahenden Angler weniger leicht bemerkt. Auf der anderen Seite vergrämt die über die Höhe des Fisches geworfene Schnur schnell den Schuppenträger, was sich nur mit einem Trickwurf halbwegs vermeiden läßt. Andererseits unterstützt die Strömung eine stromauf geworfene Nymphe samt dem Vorfach beim raschen Sinken, weshalb sich tiefstehende, am Grund fressende Fische am besten mit dieser Technik erreichen lassen.

Wie werden die verschiedenen Köder im Fließwasser angeboten?

1. Trockenfliege: Wie oben beschrieben stromab, querab oder stromauf. Je tiefer ein Fisch unter der Oberfläche steht, desto weiter vor dem zuletzt beim Einsaugen eines natürlichen Insekts entstehenden „Ring" muß die künstliche Fliege aufsetzen. So steht die Äsche selbst beim Steigen nach Anflugnahrung direkt über dem Grund, was einen bis zu vier Meter weiten Vorhalt erfordert. Sobald sie die Fliege sieht, läßt sie sich bis mit der Strömung zur Oberfläche treiben, bis sie die Fliege sanft aus dem Oberflächenfilm nimmt und wieder an ihren Standplatz zurückkehrt. Je nach Fischart und gewässerspezifischen Eigenheiten muß der Anhieb blitzschnell oder verzögert erfolgen. So muß ein Fisch im rasch dahinschießenden Gebirgsfluß schnell und herzhaft zupacken, worauf der Anhieb sofort kommen darf. Im gemächlicher strömenden Wasser läßt der Fischer dem Fisch ausreichend Zeit zum Schließen des Mauls, da er ihm sonst den Köder wieder herauszieht. Eine Sekunde ist manchmal durchaus nötig, besonders beim Döbel.

2. Naßfliege: Sie stellt ein ertrunkenes oder kurz vor dem Schlüpfen stehendes Insekt unter der Wasseroberfläche dar und wird wie die Trockenfliege angeboten, wenn die Fische dicht unter der Oberfläche fressen. Der Biß äußert sich in einer Art Ring, einer vom normalen Verhalten abweichenden, seitlichen Bewegung des Fischs, dem Öffnen seines Mauls (man sieht oft das weiße Maulinnere) oder einem Ruck am Vorfach. Wahlweise oder einfach am Ende einer Drift kann der Fischer die Naßfliege auch mittels vorsichtigem, ruckweisem Einholen der Schnur heranzupfen, was ebenfalls einen Biß bringen kann.

3. Nymphe: Wird je nach Standtiefe des Fischs stromab, querab oder stromauf geworfen und treibt frei im Wasser. Die Nymphe darf als Imitation eines kurz vor dem Schlüpfen stehenden Insekts auch durchaus direkt unter der Oberfläche schwimmen. Generell erfolgt die Bißerkennung wie bei der Naßfliege. Die Nymphe darf am Ende ihrer Drift auch an der Schnur gehalten werden, wobei sie von der Strömung hochgedrückt wird und damit ein aufsteigen-

des Insekt („Emerger“) imitiert. Ist es nötig, die Nymphe sehr schnell sinken zu lassen, um sie einer Forelle in einem tiefen Gumpen anzubieten, empfiehlt sich ein geflochtenes, beschwertes Vorfach. Der Nachteil ist, daß die Sensibilität leidet und spitze Bisse schlecht zu erkennen sind.

4. Streamer: Diese großen Köder, mit denen sich auch eingewanderte Hechte aus Forellenbächen herausfangen lassen, werden quer zur Strömung oder direkt stromab eingeworfen und herangezupft. Der Streamer ist in allen Tiefen erfolgreich, wobei schon geringste Bewegungen genügen, ihn lebendig spielen zu lassen!

Und im See:

In den Salmonidenseen wachsen die Fische schneller als in den kalten, nahrungsarmen Flüssen. Und sie wachsen zu kapitalen Stücken heran: alle Nahrung wird in Wachstum umgesetzt statt in Bewegungsenergie, da der Fisch gegen keine Strömung anzukämpfen hat. Typische Standorte gibt es in Seen zwar nicht, aber die Fische finden sich natürlich dort ein, wo die Nahrung ist, also nahe der Ufervegetation und der Einläufe von Bächen und Flüssen. So lohnt es sich, diese Zonen vor dem Fischen einige Zeit zu beobachten und auf die eindeutigen Anzeichen zu achten. Ringe können mit einer Trockenfliege direkt angeworfen werden. Hilft ein günstiger Rückenwind, wird die Fliege kurz vor den Ringen aufgesetzt und dann vom Wind ins Ziel getrieben.

Läßt sich kein einzelner Fisch ausmachen, wird der Angler mit einer großen Naßfliege fächerförmig weite Wasserflächen absuchen. Nach dem Wurf wird sie etwas ruckhaft zurückgezupft – mit vielen längeren Pausen, in denen eine leichte Drift die Fliege treiben läßt und dabei die Hecheln bewegt, was der Angler gelegentlich durch leichtes Wippen der Rutenspitze unterstützt.

Ein äußerst fängiges Ködersystem ist die an einer sensiblen Rute mit Stationärrolle oder Centrepin gefischten Hegene, bei der an fünf kurzen, im Abstand von 20 cm an die Hauptschnur gebundenen Auslegern, den „Springern“, je eine Nymphe sitzt. Mit ihr fängt der Bootsangler in den großen Salmonidenseen des Voralpenlandes die schönsten Saiblinge und Coregonen. Die Auswahl an vorgebundenen Systemen ist im Fachhandel so groß, daß es sich kaum lohnt, sie selbst herzustellen – besonders, wenn die Hegene nur gelegentlich eingesetzt werden soll. Das Blei am Ende der Schnur richtet sich nach der Tiefe und nach der Stärke der Wellen – 5 bis 15 g genügen in der Regel.

Nach dem Absenken bis kurz über Grund entfalten die Nymphen der Hegene ihr Spiel bei leichtem, unregelmäßigem Wippen der Rute – leichter Wellengang reicht meist schon aus, um die Köder tanzen zu lassen.

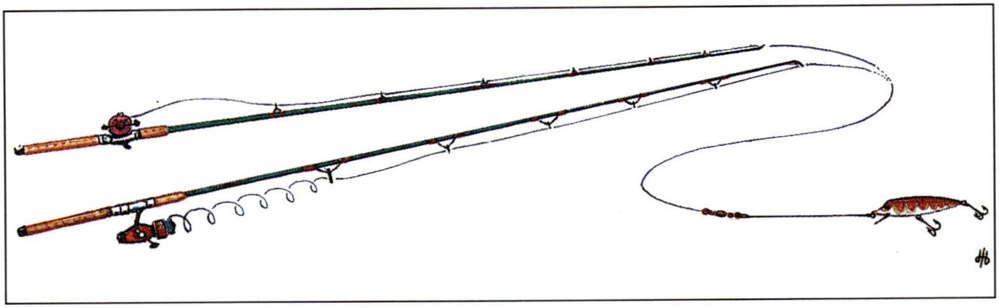

Spinnfischen

Das Geheimnis des Fischens mit Kunstködern liegt darin, ein Stück Blech oder Plastik so lebendig durch das Wasser zu bewegen, daß es von einem Raubfisch für leichte Beute gehalten und er zum Zupacken verleitet wird.
Dies wird durch einen möglichst hohen Grad an Imitation erreicht, mit der dem Fisch die Bewegungsreize der natürlichen Beute vorgespielt werden – das Geheimnis liegt also in der richtigen Köderführung. Je geschickter die Führung und je lebendiger das Spiel, desto wahrscheinlicher der Erfolg.
Weiterhin ist die Wahl des richtigen Köders entscheidend. Das Problem der besten Kunstköder ist, daß sie nach ihrer Einführung auf dem Markt äußerst erfolgreich sind und entsprechend häufig eingesetzt werden. Dies führt dazu, daß sehr viele Gewässer mit ihnen befischt werden, bis sie den Fischen so bekannt sind, daß sie ihre Fängigkeit verlieren. Und dies manchmal bereits nach einer Saison! Erfolgsköder wie der seit Jahrzehnten berühmte Heintz-Blinker bilden hier die erfreuliche Ausnahme. Dies bedeutet, daß man für jedes Gewässer zu jeder Jahreszeit entsprechende Erfahrungen sammeln muß, um die fängigen Köder herauszufinden. Schwierig ist es, wenn man beispielsweise im Urlaub einem neuen Gewässer gegenübersteht, an dem alle persönlichen Erfahrungen fehlen. Hier haben es die sympathischsten, geschicktesten und mit diplomatischer Fragetechnik begabten Angler leichter, die gewünschten Informationen von Angelkollegen am Wasser oder im nächsten Fachgeschäft zu erhalten.
Wem die Eigenschaft der persönlichen Liebenswürdigkeit nicht gegeben ist (gibt es das bei Anglern überhaupt?!) und er deshalb auf freundliche Hilfsbereitschaft seiner Mitmenschen verzichten muß, wird sich ein möglichst breites Sortiment von Kunstködern zulegen, das aus jeder Ködergruppe verschiedene Modelle in zwei bis drei Größen und Farben enthält. Systematisch werden alle Köder getestet, bis sich ein erster Erfolg einstellt. Vielleicht folgt auch ein Fisch („Nachläufer") nur

dem Köder und bekundet damit zumindest ein gewisses Interesse am für das Gewässer gewählten Köder.
Nach jedem Wurf sinkt der Köder bei offenem Rollenbügel in die gewünschte Tiefe und wird dann je nach Art des Köders wieder eingeholt. Schwimmende Wobbler erreichen durch einige rasche Umdrehungen der Rollenkurbel die gewünschte Tiefe und werden dann in „normaler" Geschwindigkeit geführt. Dabei variiert das Tempo und der Köder darf auf- und abtaumeln, auf der Wasseroberfläche entlangschliddern oder in unregelmäßigen Sprüngen über den Grund hüpfen – ganz dem lebendigen Vorbild folgend, das imitiert werden soll.
Beobachtungsgabe und wachsende Erfahrung bilden den Schlüssel zum Geheimnis der richtigen Köderführung. Herstellerangaben und Empfehlungen des Verkäufers zur Führung eines noch unerprobten Köders sind als Hilfe jedoch durchaus ernstzunehmen!
Aber auch die richtige Tageszeit ist für den Erfolg bedeutend. Fast alle Räuber werden in der Morgendämmerung und in den Abendstunden aktiv. Aus dem Wasser spritzende Kleinfische und brodelndes Wasser bekunden auf wahrhaft ergreifende Weise, wann Räuber einzeln oder in Horden zwischen die Schwärme fahren und die gnadenlosen Kiefer packen, was nicht schnell genug davonstieben kann! Hier wird ein schneller, gut gezielter Wurf augenblicklichen Erfolg bringen, wenn sich der Angler, unauffällig und gut getarnt, nah genug herantasten kann.
In lauer Sommernacht wird der aufmerksame Beobachter den Waller platschen hören und den Geräuschen folgend, das Jagdrevier des räubernden und dennoch so sanftmütigen Giganten erforschen. Auch hier kann ein gut plazierter großer, heller Wobbler zu schnellem Erfolg verhelfen. Ganz besonders, wenn er mit Hilfe eines auf das Vorfach gezogenen und von Zeit zu Zeit mit Flüssiglockstoff beträufelten Schwämmchens eine verführerische Duftnote verbreitet.
Alle verdächtigen Stellen werden mit der Spinnrute generell systematisch abgefischt. Besondere Aufmerksamkeit gilt dabei den berühmten Barschbergen – Scharkanten, an deren Fuß nicht nur Barsche, sondern in einigem Abstand auch große Räuber wie Hecht oder Zander lauern. Überhängende oder gar abgesunkene Bäume in unmittelbarer Ufernähe, selbst ausgewaschene Uferhöhlen sind beliebte Standorte besonders großer Exemplare. Ein schwergewichtiger Waller, der aus einem Versteck zwischen den Ästen nur meterweit vom Ufer entfernt hervorschießt, um die vermeintliche Beute zu packen, wäre nicht ungewöhnlich! In vielen Gegenden Deutschlands leben diese faszinierenden Fische in stärkeren Beständen als vermutet – es macht sich nur kaum ein Angler die Mühe, systematisch und mit angemessenem Gerät nach ihnen zu suchen!

Im Winter, wenn die Kleinfischschwärme und mit ihnen natürlich auch die Räuber ihre Sommerstandorte verlassen und sich in tieferes, wärmeres Wasser zurückziehen, ergibt sich für den Uferangler häufig die Notwendigkeit sehr weiter Würfe, um die Winterstandorte in den Tiefenzonen zu erreichen. Steht ihm kein Boot zur Verfügung, muß er seine Kunstköder mit zusätzlichem Gewicht beschweren. Um dem Köder freies Spiel zu ermöglichen, wird es dem Köder in einigem Abstand vorgeschaltet. Hierfür würde sich im Prinzip eine aerodynamische Bleibombe eignen. Da dieses Blei jedoch auch im Wasser sein Gewicht behält, würde es beim Einholen unsanft über den Boden holpern mit der Konsequenz der ständigen Hängergefahr – dankbar läßt es sich in jede Ritze fallen oder verwickelt sich unlösbar um Äste, sodaß der Köder jedesmal verloren ist.
Ein großes Lob dem Angler, der die geniale Erkenntnis hatte, daß Wasser – in eine tropfenförmige Wasserkugel gefüllt – beim Flug durch die Luft sehr schwer, im Wasser jedoch schwerelos ist.
So bietet die randvoll gefüllte Wasserkugel (das kleinste Modell reicht aus) gegenüber der Bleibombe für alle Arten von Kunstködern das ideale Wurfgewicht – besonders Köder wie Streamer, die schon bei der kleinsten Bewegung lebhaft spielen, aber auch Twister, Blinker und Wobbler sind natürlich für diese Methode sehr geeignet!
Wenn man ein kleines Stückchen Kork vor dem Köder auf die Schnur fädelt, werden auch sinkende Köder schwimmend, bzw. erhalten in der Bewegung steten Auftrieb und steigen in Länge des Vorfachs auf, solange die Wasserkugel nicht gezogen wird. Durch ihre Eigenbewegung verführen sie auch bei langsamem Schnureinholen mit gelegentlichen Pausen.
Wie tief die Wasserkugel sinkt, läßt sich durch ihren Inhalt regeln: Je mehr Luft, desto größer ihr Drang zur Oberfläche. Füllt man sie ganz und packt zusätzlich einige Bleischrote hinein, läßt sich das Sinktempo stufenlos variieren. Kontrollieren läßt sich ihr Verhalten durch zwei, drei Versuche im flachen Uferwasser!
In der Strömung geführte Spinnköder neigen dazu, die Schnur zu verdrallen und sie dadurch gehörig in ihrer Tragkraft zu schwächen. Um diesem Übel zu begegnen, läßt sich dem Köder ein „Anti Kink“ vorschalten. Dies ist eine Stabilisierungsflosse, die mit ihrer exzentrischen Aufhängung ein Gegengewicht zum Strömungsdruck bietet und so den Drall weitgehend ausschaltet.
Sobald ein Fisch zugegriffen hat, wird ein entschiedener Anhieb gesetzt und bei jeder sich bietenden Gelegenheit während des Drills wiederholt. Denn auch ein großer Drilling greift schlecht in den Kiefern eines hartmäuligen Räubers.

Posenfischen

Bei den Methoden des Posenfischens ist es ganz besonders wichtig, auf gute Qualität des Materials zu achten. Rute und Rolle sind sehr leicht ausgelegt und müssen ständig einer im Verhältnis zu ihrer feinen Bauart besonders großen Belastung standhalten. Schnüre werden hier in feinsten Durchmessern eingesetzt und verzeihen deshalb auch die kleinsten Fehler nicht. Posen sollten drehrund gearbeitet und erstklassig lackiert sein, um ihre Aufgabe zu erfüllen. Bleischrote müssen ebenfalls völlig drehrund und sauber gespalten sein, die Flächen der Spalte von spiegelnder Glätte. Es darf kein Grat an der Kante überstehen, da solch eine Unsauberkeit die dünne Schnur bei der ersten Belastung reißen läßt!

Kopfrute (Stippe):
Sehr viele Angler haben ihre Laufbahn mit Stippe und Pose begonnen und für viele behält der Reiz des kleinen Schwimmers seine Faszination das ganze Leben; stellt er doch die lebendige Verbindung her zwischen dem unsichtbaren, geheimnisvollen Gesche-

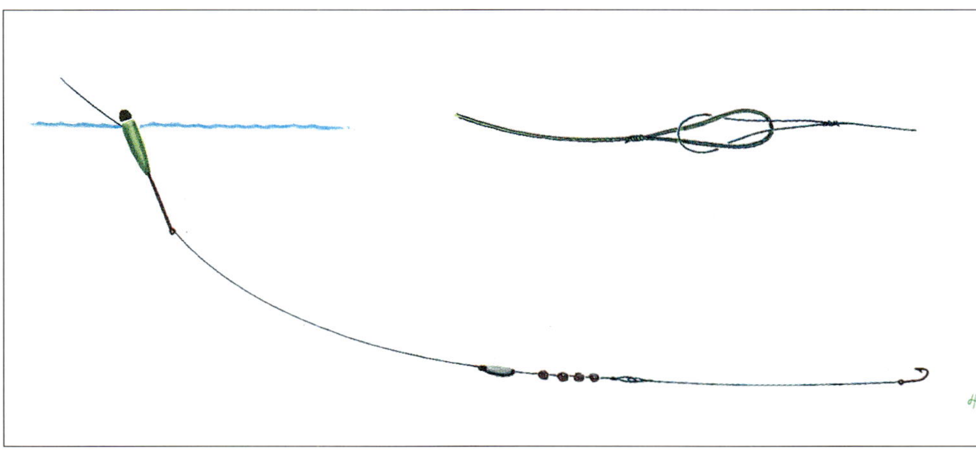

Stippmontage mit Tropfen und Torpille und einigen Bleischroten für die Feinabstimmung. Detail: Verbindung Hauptschnur – Vorfach: 2 Schlaufen ineinandergehängt

Auch der Junior fängt schon mit der Stippe

hen unter der Wasseroberfläche und dem bangenden Angler mit seinem Wunsch nach eindrucksvoller Beute. Auch wenn die Reichweite der Stippe ohne Rolle begrenzt ist – viele Fische suchen ihr Futter in Ufernähe und gerade hier ist das Angeln deshalb besonders erfolgreich! Ihr großer Vorteil liegt in der Schnelligkeit und Genauigkeit, mit der der frisch beköderte Haken nach einem Fang wieder über dem Futter schwebt. Und Präzision ist auf einer eng begrenzten Futterstelle entscheidend! Hier fressen die Fische gierig, was sie mit ihren Kameraden wetteifernd greifen können und der Köder wird bedenkenlos genommen. Eingesetzt wird die Stippe überwiegend in Fließgewässern für den Fang von Schwarmfischen der verschiedenen Weißfischarten wie Plötze, Rotauge, Brassen, aber auch Schleie, Aland und Döbel.

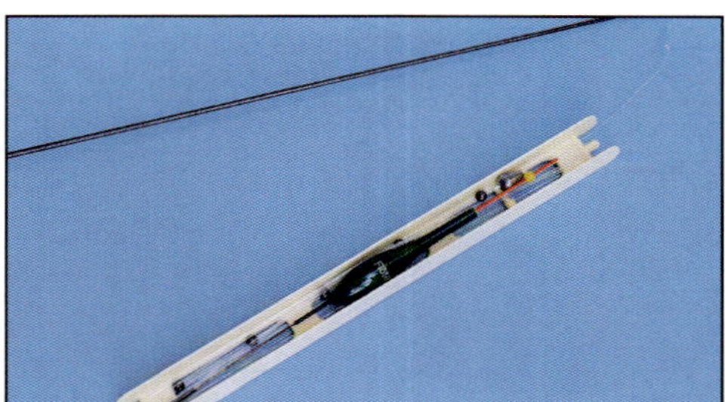

Stippe mit Stonfo-Einhänger und Montage

Aufbau der Rute: Eine Teleskopstippe wird vom Spitzenteil her bis zur vollen Länge ausgezogen, eine Steckrute mit dem Spitzenteil zuerst von oben nach unten aufgesteckt. Dabei ist darauf zu achten, daß alle Rutenteile sauber sind, denn Sand zerkratzt die Oberfläche und eine zerkratzte Oberfläche

schwächt das Material.
Und schwaches Material kann die Rute bei Belastung brechen lassen! Deshalb nach jedem Angeltag jedes Teil mit einem trockenen Tuch sorgfältig abwischen.
Für den Anfang hilft ein kleines Sortiment Fertigmontagen aus dem Fachhandel, bestehend aus überlanger Hauptschnur, die auf Rutenlänge gekürzt wird, einer Pose, Blei und Vorfach mit Haken. Die zur Schonung von Schnur und Pose auf einem Wickelbrettchen untergebrachte Montage wird vor dem Aufbau der Rute mit Hilfe eines auf die Rutenspitze geklebten Stonfo-Einhängers angebracht – später, an einer hochwertigeren Rute, wird man vielleicht einen Gummizug als Dämpfer für starke Fische verwenden.
Die Grundausstattung sollte einige Posen für Kanäle und für kräftigere Strömung umfassen, die Tragkräfte der Posen betragen je nach Gegebenheiten der beangelten Gewässer je 2, 4 und 6 g. Eine Tüte mit fertigen Ersatzvorfächern hilft, wenn der Haken an einem Hindernis oder durch einen zu starken Fisch verlorenging. Das Vorfach ist ein bis zwei Stufen schwächer als die Hauptschnur.
Später, sobald sich die Finger an das Knüpfen der nötigen Knoten gewöhnt haben, werden Montagen und Vorfächer mit Hilfe von Vorratsspulen (einer Auswahl von 100 m-Spulen der Stärken 0,08 bis 0,20mm) nach Bedarf hergestellt und sorgfältig nach Schnurstärke und Posentragkraft beschriftet.
Die Länge der Hauptschnur entspricht der Rutenlänge. Die Pose wird mit Hilfe der Öse und zwei Posengummis an der Schnur angebracht (eine Auswahl Posengummis verschiedener Stärke, von denen jeweils einige Millimeter abgeschnitten werden, liegt in der Posenkiste bereit).
Die Bebleiung richtet sich nach der Stärke der Strömung. Eine schlanke Tropfenpose für einen ruhig und gleichmäßig dahinströmenden Kanal darf mit einer langen Schrotkette austariert werden. So sinkt der Köder langsam ab und erregt nicht das Mißtrauen der Fische. Bei starker Ströung kommt es darauf an, den Köder zügig zum Grund zu bringen und dort zu halten, daher sollte das Gewicht mit einer kompakten Bebleiung nach unten verlagert werden. Die Haupttragkraft der Pose wird deshalb mit einer Torpille ausgelastet – einige Schrote dienen der Feinabstimmung.
Um die Schnur nicht zu beschädigen, werden Bleischrote grundsätzlich am Ende der Leine angedrückt und dann nach oben in die richtige Position geschoben. Das Schnurende mit der Andrückstelle, etwa 10 cm, wird anschließend abgeschnitten. Die Verbindung zwischen Hauptschnur und Vorfach besteht aus zwei Schlaufen, die ineinandergehängt werden.
Das Vorfach hat zunächst eine Länge von ca. 30 cm, die später bei Bedarf durch Verschieben der Schrote variiert

und den Verhältnissen angepaßt werden kann. Als Faustregel: je kürzer das Vorfach, desto schneller und deutlicher der Biß. Desto größer aber auch das Risiko, daß der Fisch den Widerstand gegen das Blei spürt und den Köder fallen läßt. Je länger das Vorfach, desto geringer der Widerstand der Montage, also desto unauffälliger die Köderpräsentation, aber desto langsamer und zarter der Biß. So gilt es, den richtigen Kompromiß für die aktuelle Situation zu finden!
Die Hakengröße wird dem Köder entsprechend gewählt: eine Made findet auf einem Haken der Größe 18 bis 20 Platz, ein Teigkügelchen beansprucht Größe 16 bis 18 und ein Maiskorn hängt im Bogen der Größen 14 bis 16 sicher. Generell gilt: je kleiner oder vorsichtiger die Fischart, die beangelt wird, desto kleiner der Haken. Ein Hakenbinder (man hat die Wahl zwischen einem praktischen manuellen Gerät und einer leicht zu bedienenden elektrischen Ausführung) macht das Binden der Vorfächer zu einer schnell durchgeführten Übung und ist daher äußerst empfehlenswert.
Die Schnurstärke beeinflußt das Köderverhalten: Je feiner, desto natürlicher ist das Köderspiel. Ein unnatürlich trudelnder Köder macht mißtrauisch und ein mißtrauischer Fisch lehnt den Köder ab. So gilt es, den richtigen Kompromiß zu finden: so fein wie möglich, aber so stark wie nötig, um Schnurbruch zu vermeiden!
Als Angelplatz wird eine Stelle gewählt, wo sich die Fische besonders gern aufhalten, auch wenn Fließwasserfische als typische Nomaden grundsätzlich auf der ganzen Uferstrecke anzutreffen sind.
Beliebte Stellen lassen sich in der Nähe von Pflanzen finden, die über das Wasser hängen, an Mündungen von Nebengewässern, in Zonen mit Wasserpflanzen, hinter Pollern und Brückenpfeilern, aber auch an Warmwassereinläufen, die man im Winter leicht an dem aufsteigenden Wasserdampf erkennt – alles Stellen, die den Fischen entweder verstärkt Nahrung oder Schutz bieten.
An einer freien Stelle, wo keine Bäume über dem Kopf die Rute behindern, wird der Sitz aufgebaut. Für den Anfang wird dies ein preiswerter Klapphocker sein – später eine praktische Sitzkiepe oder ein Angelstuhl mit einzeln verstellbaren Beinen. Die Köderpalette und das notwendige Zubehör liegen griffbereit in der Nähe der freien Hand. Der Unterfangkescher liegt ebenfalls parat.
Ein längenverstellbarer Erdspieß mit breitem Rutenkopf zum Ablegen der Stippe wird in 1 m Entfernung in den Boden gesteckt und so eingestellt, daß die Rute waagerecht liegt. Gute Sitzkiepen bieten als Zubehör seitlich stabile Haken zum Ablegen der Rute, so daß ein Erdspieß überflüssig wird. Aber Vorsicht beim Aufstehen – das Gewicht der Rute wird die Kiste vornüberkippen lassen! Die unterschiedlichen Gegebenheiten der Gewässer erfordern

Die ganze Serie der schlanken Kanaltropfenposen

Erdspieße verschiedener Länge, da man einerseits so dicht wie möglich an der Wasserkante fischen will, dort aber andererseits der Boden steil absinken kann, sodaß es schwierig wird, erreichbaren Grund zu finden, um den Spieß einzustecken. Die Rutenhaken der Sitzkiepe (oder auch einer Angelplattform, die mit Rutenauflegern ausgestattet ist) ersparen uns die Erdspieße.

Vor Beginn des Angelns muß die Position der Pose entsprechend der Gewässertiefe eingestellt werden. Da beabsichtigt ist, die Fische mit Futterballen am Boden zu halten, soll der Hakenköder exakt über Grund angeboten werden. Dazu kann man ein spezielles Lotblei am Haken befestigen und unter der Rutenspitze leise und ohne zu platschen absenken. Je nachdem, ob die Pose noch sichtbar ist oder völlig unter Wasser verschwindet, nun die Pose soweit nach oben oder unten schieben, bis die Wasserlinie exakt über dem Ansatz des Posenhalses verläuft, also nur die Antenne aus dem Wasser ragt. Mit dieser Einstellung wird nun mit dem Lotblei die ganze Strecke gelotet, die beangelt werden soll, also die gesamte spätere Posendrift, um den Verlauf genau zu erkunden. Sollte sich dabei herausstellen, daß der Boden zu große Unebenheiten aufweist, muß die Angelstelle vielleicht sogar gewechselt werden.

Nach dem Loten wird in der Höhe der Rutenspitze mit einigen Futterballen angefüttert, je nach Strömung mehr oder weniger oberhalb, da die Ballen mit der Strömung abgetrieben werden. Mit einem leichten Unterarmschwung wird die Pose in Höhe der Rutenspitze sanft eingesetzt. Die Schnur wird leicht gegen die Strömung gestrafft und ohne die Pose aus der Bahn zu ziehen, treibt die Montage bei leicht gespannter Schnur ab. Gelegentlich wird der Lauf gestoppt, sodaß die Pose bei straffer Schnur an der Rutenspitze hängt und stehenbleibt – die Strömung drückt nun den Köder hoch und läßt ihn verführerisch über dem Futter spielen.

Ein Zucken der Antenne oder eine Verzögerung im Lauf signalisiert, daß sich ein Fisch für den Köder interessiert. Sobald sie entschieden abtaucht, wird durch zügiges Anheben der Rutenspitze der Anschlag gesetzt. Gefühlvoll wird der Fisch, sobald seine Kraft erlahmt, über das Netz geführt. Sofort wird das Netz leicht angehoben, herangezogen und aus dem Wasser gehoben, um den Fisch zu versorgen.

Der Autor mit der beringten Posenrute am Fließwasser

Beringte Posenruten am Fließwasser:
Die Stippe findet ihre natürliche Grenze, wenn die Fische (wie so häufig in Seen) vermeiden, dicht ans Ufer bis in ihre Reichweite zu kommen. Oder wenn sie, vielleicht sogar vom Angler beunruhigt, beharrlich am anderen Ufer eines ruhegewohnten Flüßchens nach Futter suchen. Aber auch, wenn größere Fische, die kräftiges Gerät erfordern, mit der treibenden Pose in ihren Verstecken unter Krautbüscheln gesucht werden müssen.
Die mit Rolle ausgestattete Posenrute erweitert ganz erheblich den Einsatzbereich. Sie ermöglicht das Anbieten des Köders auch auf größere Entfernung, läßt lange Posendriften zu und bietet mit ihrer Schnurreserve auf der Rolle die Chance, auch große Fische zu meistern.
Für die Strömung eignen sich Ruten mit Spitzenaktion. Die englische Matchrute mit 14 Fuß Standardlänge oder 15 Fuß Überlänge (4.20 oder 4.50 m) bietet ausreichende Kontrolle über die treibende Pose, die in einer Entfernung bis zu dreifacher Rutenlänge geführt werden kann. Stilecht sind für die Strömung englische Posenmodelle wie die Sticks, der Avon oder der Loafer. Da der Stick die Standardpose dieser Rute ist, wird sie in England „Stickrute“ genannt.

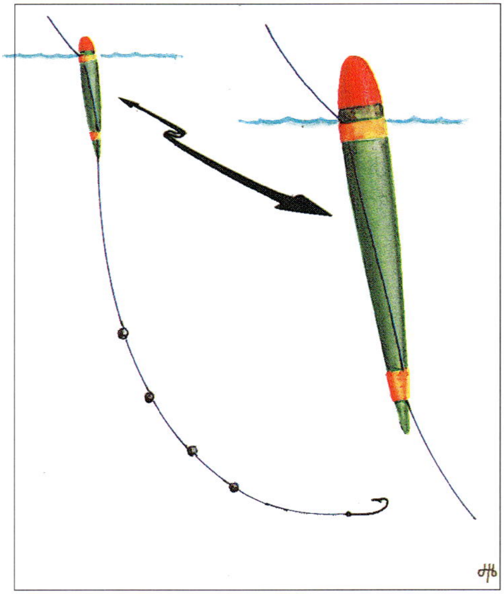

Strömungsmontage mit Stickpose und verteilter Bebleiung für die Matchrute

Die italienische Bolognarute mit ihrer klassischen Länge von 5, 6 oder 7 m bietet entsprechend mehr Reichweite. Sie erlaubt, bis zu 30 m weit die Schnur zur Pose aus dem Wasser zu heben und so dem Einfluß der Strömung zu entziehen bei immer noch guter Kontrolle über Pose und Montage. Es ergibt sich ein weiterer Vorteil dieser Technik aus der zwangsläufig gestrafften Schnur – bereits eine leichte Bewegung der Rutenspitze gegen die Strömungsrichtung setzt den Anschlag, sobald ein Fisch den Köder nimmt. Im Gegensatz zu ihrer kürzeren englischen Kollegin wird die Bolognarute mit feinen italienischen Wettkampfposen gefischt. Modelle von guter Qualität sind mit einem langen Edelstahlkiel ausgestattet, der ihnen das nötige Gegengewicht verleiht, um trotz der Führungstechniken (leichtes Anheben oder Zurückhalten) in der Strömung gleichmäßig und trudelfrei zu laufen.

Entscheidend ist die richtige Wahl der Pose, die sich aus den Fragen ergibt: Wie schnell fließt das Wasser? Wie tief ist es? Wie weit soll geworfen werden? Bläst der Wind – wenn ja, wie stark und in welche Richtung? Fließt das Wasser gleichmäßig mit glatter Oberfläche oder bildet es Turbulenzen? Türmt vielleicht eine gegenläufige steife Brise kurze Rippelwellen auf und erfordert so eine Pose mit tiefliegendem Schwerpunkt oder verlangt Gegenwind eine größere Pose, um den gewünschten Futterplatz zu erreichen?

Für die ruhige Strömung eines Kanals sind die englische Stickpose und der schlanke, lange Wettkampftropfen die klassischen Modelle. Je stärker die Strömung, desto kürzer und kompakter werden die Posenformen. Bei turbulentem Wasser mit walmender Oberfläche werden die kompaktesten Posenformen eingesetzt.

Aber immer die richtige Wahl zu treffen, erfordert einige Erfahrung und nur mit längerer Praxis gelingt es, aus all den genannten Einflüssen die richtige Form und Größe abzuleiten. Allerdings gibt es Verhältnisse, bei denen sich eine Pose nicht mehr mit Vergnügen fischen läßt und es sich anbietet, auf eine der sensiblen Bodenbleimethoden umzusteigen!

Jedem Angler sei empfohlen, alle seine Posenformen in verschiedenen Größen zu testen und zu beobachten, wie sie auf das Wasser und die verschiedenen Führungstechniken reagieren, um ein Gefühl für die Formen zu bekommen. Ideal wäre es, diesen Test an einem klaren, nicht zu tiefen Flüßchen durchzuführen, wo sich gleichzeitig beobachten ließe, wie der Köder auf das Posenspiel und unterschiedliche Anordnungen der Bebleiung reagiert!

Eine zwischen Pose und Vorfach verteilte Bebleiung sinkt nach dem Einwurf langsam ab und läßt den Köder bei Verzögerung der Drift leichter steigen. Eine kompakte Bebleiung durch zum Vorfach geschobenes Blei sinkt schneller ab und hält den Köder auch

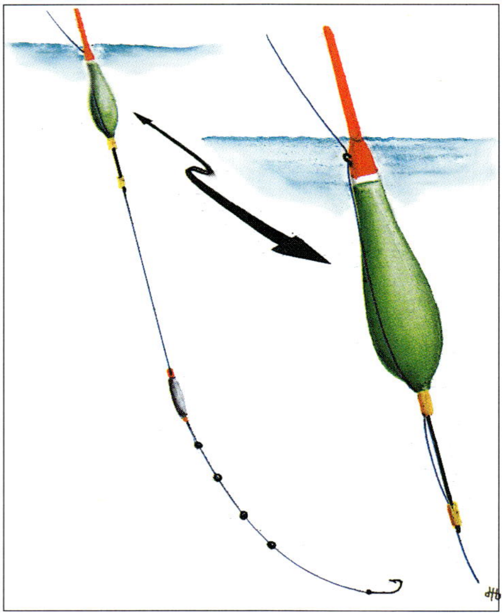

Strömungsmontage mit Tropfenpose und kompakter Bebleiung.

bei Verzögerung stabil am Grund. Daß die Fische dabei eher den Widerstand gegen das Blei spüren, wenn sie den Köder aufnehmen, wirkt sich bei starker Strömung nicht nachteilig aus, da die Fische hier nicht so wählerisch sind wie im Stillwasser und unbedenklicher zugreifen!

Zum Aufbau: Zuerst die Rolle an der Rute befestigen – und zwar so, daß die Spule in einer Flucht mit den Ringen steht. Nun den Rollenbügel öffnen und sehr aufmerksam etwa 10 m Schnur durch Daumen und Zeigefinger ziehen, um eventuelle Schnurbeschädigungen aufzuspüren. Wenn sich eine rauhe Stelle entdecken läßt, muß die Schnur dort abgeschnitten werden, denn die leichteste Schwächung der Oberfläche wird mit Sicherheit zu Schnurbruch führen – möglicherweise schon bei einem kräftigen Wurf!

Nach der Prüfung die Schnur zurückspulen und die Rute so aufbauen, daß die Ringe in einer Linie stehen und die Schnur durchziehen. Pose und Blei montieren.

Ist die Strömung gering, kann auf einen Wirbel zwischen Hauptschnur und Vorfach verzichtet werden. Bei Strömung könnte sich das Vorfach während dem Zurückspulen verdrallen. Um dies zu verhindern, wird ein kleiner Wirbel ohne Karabiner (ein unnötiger Risikofaktor mehr, an dem sich die Montage beim Wurf verhängen kann) an die Hauptschnur gebunden. In das freie Öhr, bzw. die Endschlaufe der Hauptschnur wird das Vorfach gehängt.

Nachdem die Rute montiert ist, wird die Tiefe ausgelotet. Eine Methode besteht darin, ein großes Spaltschrot auf den Hakenschenkel zu klemmen. Da die Pose sehr fein ausgebleit wurde, reicht schon ein Schrot aus, sie sinken zu lassen. Durch mehrfaches Einwerfen und Verschieben des Schwimmers ist die richtige Tiefe schnell gefunden.

Eine unauffälligere Methode besteht darin, den Haken zu beködern und die Montage mit einer geschätzten Tiefeneinstellung über die Futterstelle treiben zu lassen. Vor jeder Drift wird die Pose etwas höher geschoben – so lange, bis

sie zu erkennen gibt, daß der Haken Grundberührung hat und die Montage hängenbleibt. Diese Methode verursacht nicht die geringste Unruhe und informiert gleichzeitig über die fängige Tiefe, da sich bei einem der Probedurchläufe schon die ersten Reaktionen der Fische zeigen werden. Ist die fängige Tiefe ermittelt, wird mit dieser Einstellung unverändert weitergefischt, bis ein Nachlassen der Bisse zeigt, daß eine Veränderung nötig ist.
Wenn die richtige Tiefeneinstellung gefunden und sichergestellt ist, daß die gewünschte Stelle nicht durch Unterwasserhindernisse behindert wird, darf mit Futterballen oder mit losen Futterpartikeln angefüttert werden. Nach ein bis zwei Fängen wird in kleinen Mengen nachgefüttert – gerade soviel, daß die Fische bei Laune bleiben.

Matchrute am See:
Die ideale Stillwasserrute besitzt eine Länge von 13 Fuß (3.90 m) und zeigt eine etwas nachgiebigere Aktion, um beim kräftigen Anhieb auf große Entfernung keinen Schnurbruch zu riskieren. Eine längere Rute bietet am Stillwasser keine Vorteile, da Seen häufig von dichter Ufervegetation gesäumt sind, die langes Gerät behindert. Zudem macht mehr Länge die Rute unhandlicher und da die Pose in Seen nicht geführt werden muß, wäre überschüssige Länge eher hinderlich. Die Engländer nennen diese Rute mit der etwas weicheren, durchgehenden Aktion „Wagglerrute", da in Seen fast immer Wagglerposen eingesetzt werden.
Diese Posen mit langer Antenne und ihrer typischen Befestigung nur am unteren Ende erlauben nach dem Einwurf einige Meter über die Futterstelle das Versenken der Schnur. Der Angler spult rasch die überschüssige Leine zurück und hält dabei die Rutenspitze unter Wasser. Jetzt liegt die Schnur völlig unter Wasser und der Wind kann keinen Schnurbogen bilden – es besteht eine direkte Verbindung zwischen Rutenspitze und Pose und der Anschlag wirkt trotz der Entfernung unmittelbar auf den Haken ein. Das Sinken wird erleichtert,

Stillwassermontage mit Waggler und Schrotbebleiung.
Laufposenmontage mit Waggler und Seitenblei

wenn die Schnur nach dem ersten Ausloten und dann gelegentlich je nach Bedarf beim Zurückspulen durch ein Läppchen mit Geschirrspülmittel gezogen wird, um sie zu entfetten.
Die Größe der Pose wird nach der Wurfentfernung gewählt. Als Faustregel: je 1 bis 1.5 g Tragkraft für 10 m Wurfweite – bei 20 m also eine Pose mit 2 bis 3 g. Bei Gegenwind muß die Pose entsprechend schwerer sein. Ist das Gewässer nicht tiefer als 3 m, wird der Waggler mit je einem Schrot zu beiden Seiten fixiert, nachdem er mit Hilfe eines kleinen Karabiners der Größe 20 auf die Hauptschnur gefädelt wurde. Da Minikarabiner ohne Wirbel nicht angeboten werden, schneidet man zu Hause mit einer kräftigen Schere oder einem Seitenschneider den Wirbel ab.
Es sind auch andere Posenbefestiger im Handel – der Karabiner ist jedoch aus mehreren Gründen ideal: er ist billig, er hält die Pose sehr sicher, er gleitet gut auf der Schnur, wenn der Waggler als Laufpose eingesetzt wird. Und er erlaubt, den Schwimmer schnell und mit einem Griff auszuwechseln, falls erforderlich.
Eine lange Kette von Schroten und ein Vorfach komplettieren die Montage, die dann nach dem Beködern des Hakens mit einem Überkopfwurf auf die Futterstelle geworfen wird. Die Rute lagert auf zwei Erdspießen, einer neben dem Sitz in Handnähe – der vordere so flach eingestellt, daß die Rutenspitze und die gesamte Schnur bis zur Pose einige Zentimeter unter Wasser liegen. Sobald sich durch Abtauchen der Pose ein Biß andeutet, wird direkt aus dem Rutenhalter heraus der Anschlag gesetzt, wobei die Rute knackig bis über die Schulter durchgezogen wird mit inbrünstigem Gottvertrauen auf die Elastizität der Schnur und der federnden Rutenaktion. So Petrus will, hängt der Fisch am anderen Ende, was sich durch unwilliges Zappeln oder im Idealfall durch eine ehrfurchtgebietende Verneigung der Rute mitteilen wird.
Sollte sich zeigen, daß wegen einer Unterströmung die Montage mit langer Schrotkette nicht auf der Futterstelle zu halten ist und abgetrieben wird, bietet sich eine alternative Technik an, bei der ein Seitenblei die Montage am Grund festhält: Schrotkette entfernen und stattdessen einen zweiten Karabiner auf die Schnur fädeln, der mit einem Ventilgummi als Stopper über dem Vorfach gehalten wird. In den Karabiner ein Seitenblei einhängen, das gerade so schwer ist, daß es nicht von der Futterstelle gezogen wird. Die Pose entsprechend höher stellen.
Ist das Wasser mehr als 3 m tief und eine Festposenmontage nicht möglich, wird der Waggler als Laufpose eingesetzt. Für die Einstellung der Tiefe ist ein Stopper nötig, bis zu dem die Pose nach dem Absinken der Montage aufsteigen kann. Praktisch in der Handhabung sind die Gummistopper, die mit Hilfe einer Drahtschlaufe auf die Schnur gezogen werden. Ihr Problem ist, daß sie sich – besonders bei feinen

Schnüren – beim Wurf am Widerstand der Ringe verschieben können. Die weicheren aus Schnur vorgebundenen Stopperknoten sind mit ihrem festen Sitz sehr schön, aber teuer.
Die preiswerteste und auch praktischste Lösung ist, sich den Stopperknoten (siehe Kapitel: Knoten) mit einem Stück weicher, geflochtener Vorfachschnur selbst zu binden. Die beiden Schnurenden nach dem Festziehen des Knotens auf 2 cm Länge kürzen. Diese Länge der Enden erlaubt, den Knoten gelegentlich wieder nachzuziehen, falls er sich in der Hitze des Gefechts lockern sollte. Und der Knoten gleitet mit den längeren Enden leichter und weicher durch die Ringe, ohne sich zu verfangen.
Eine kleine Glasperle verhindert, daß die Pose über den Stopper gleitet und dadurch die Tiefeneinstellung hinfällig wird. Ihre feine Innenbohrung läßt den Knoten nicht durch – ihr Außendurchmesser ist größer als das Öhr des Posenbefestigers.
Nun wie bei der normalen Montage den Karabiner mit Waggler aufziehen und die nötige Schrotmenge andrücken. Die Schrotkette auf etwa 1 m Schnur verteilen. Beim Wurf hängt der Waggler nun auf dem obersten Schrot und steigt nach dem Wurf bis hoch zu dem Stopper, wo er von der Glasperle gehalten wird. Auch die Laufposenmontage kann statt der Schrotkette mit einem Seitenblei am Boden verankert werden. Ein Schrotblei wird 30 cm über dem Seitenblei auf die Schnur gedrückt – so hängt die Pose oberhalb des Seitenbleis, wodurch sich beim Wurf nichts verhängen kann.
Der Nachteil der Laufpose liegt darin, daß sie jeder Führung ganz entschieden widersteht – auf den geringsten Zug an der Schnur reagiert sie mit Torkeln oder Abtauchen, sodaß man sie nach dem Wurf eigentlich nur noch sich selbst überlassen darf. Im Stillwasser ist dies ohnehin kein Problem. Aber auch bei Strömung ist die Laufpose noch zu verwenden – ein etwas schwererer Waggler als für die Wurfweite, bzw. Wassertiefe erforderlich, sorgt für einen stabilen und gleichmäßigen Lauf, bei dem nur ein gelegentliches Umlegen der Schnur verhindert, daß die Montage durch Schnurbogen aus der Futterspur getrieben wird.
Um den Aufbau der Montagen am Wasser erheblich zu vereinfachen, wird die Tragkraft aller Posen bereits zu Hause mit dem Stonfo-Posenloter in einem Eimer mit Wasser gemessen und auf dem Posenkörper mit einem wasserfesten Filzstift notiert. Dies ist leider notwendig, da die Herstellerangaben häufig sehr ungenau sind und die Kenntnis der genauen Werte die Montagezeit erheblich verkürzt.
Die Gewichtsangaben auf italienischen Bleischrotsortimenten sind dagegen sehr genau und mit ihrer Hilfe kann die Tragkraft der Posen auf dem Teller des Posenloters exakt bestimmt werden. Am Wasser wird dann einfach die nötige Bleimenge aus dem Sortiment zusammengestellt.

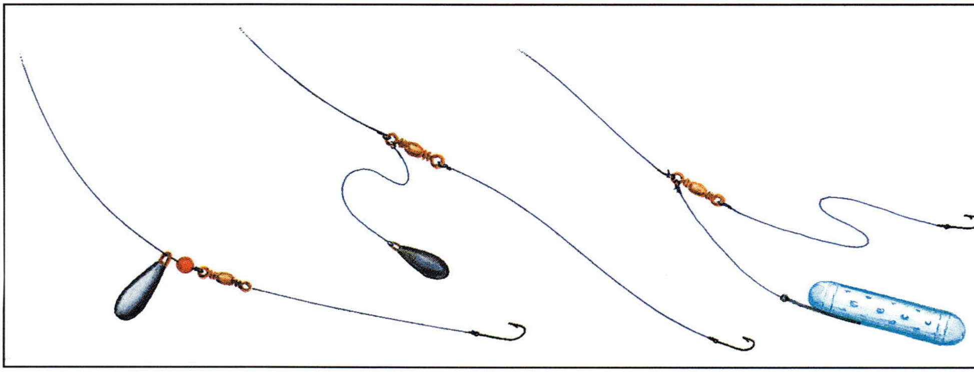

Fischen mit Zitter- und Schwingspitze

Die Zitterspitze und die Schwingspitze, die als Bißanzeiger fest mit der Rute verbunden sind, ermöglichen dem Grundangler eine Bißanzeige, die ebenso sensibel ist wie die Pose und in manchen Situationen dieser sogar überlegen – wie bei kaltem Wasser, wo die Fische sich kaum noch bewegen und wenn überhaupt, dann nur auf einen ruhig liegenden Köder reagieren.

Ruten mit Zitterspitze sind schnell in Handhabung und Aktion und sehr direkt im Kontakt zum Fisch. Ihre Beute sind Schwarmfische wie Rotauge, Plötze und Brassen, Aland und Döbel. Starke Feederruten können auch für Barben und große Nasen, im offenen Wasser sogar für leichtes Karpfenfischen eingesetzt werden.

Ihre Einsatzgebiete sind sowohl das Stillwasser als auch strömende Gewässer. Wechselspitzen verschiedener Härte ermöglichen bei der Winklepickerrute die Anpassung an die Strömung – je stärker die Spitze, desto stärkerer Strömung hält sie stand, ohne so gebogen zu werden, daß keine klare Bißerkennung mehr möglich ist.

Die Schwingspitzmethode wurde für Seen und schwach strömende Gewässer entwickelt, wo sie mit großen Ködern wie Teigkugeln oder Tauwürmern auf Fische wie Schleien, Großbrassen oder Karauschen eingesetzt wird.

Je nach Stärke der Rute, Größe der beangelten Fische, Entfernung und Art des Gewässers werden Schnüre von 0.10 mm für leichteste Quiver bis 0.25 mm für starke Feederruten aufgezogen. Es werden nur möglichst einfache Montagen verwendet, wie in der Zeichnung dargestellt. Das Gewicht der Bleibombe bestimmt sich durch die Wurfentfernung oder die Stärke der Strömung – je stärker das Wasser schiebt, desto schwerer muß das Blei sein, um nicht abgetrieben zu werden.

Fast alle Fischarten stehen aus gutem Grund ihrer Umwelt mit gesundem Mißtrauen gegenüber. Grundsätzlich zielen daher alle Montagen darauf ab, so wenig Widerstand wie möglich zu verursachen, um den Fisch nicht zu vorzeitiger Flucht zu verleiten. Ein Wechsel des Vorfachs – eine Schnurstärke feiner und ein kleinerer Haken – bringt häufig spürbaren Erfolg. Aber auch der generelle Aufbau der Montage sollte mit einer unauffälligen Köderpräsentation der Situation angepaßt sein.

Besonders beliebt ist heute das Fischen mit Futterkörbchen, die in zwei grundsätzlich unterschiedlichen Variationen angeboten werden: offen und geschlossen. Offene Körbchen werden mit Grundfuttermischung gefüllt, die im Wasser herausgespült wird. Geschlossene Modelle werden mit Lebendködern wie Maden gefüllt, die nach dem Einwurf durch die Löcher in der Gehäusewand entweichen, um dann von den Fischen aufgesammelt zu werden. Der große Vorteil dieser Technik ist, daß das Futter nach jedem Wurf in unmittelbarer Nähe des Hakenköders liegt. Wenn es der zielbegabte Angler schafft, jeden Wurf im gleichen „Planquadrat" zu plazieren, baut er sich nach und nach eine Futterstelle auf, die eine starke Lockwirkung auf die Fische ausübt. Zu bedenken ist allerdings, daß sich der Einwurf eines schwergewichtigen Feeders mit einigem Geräusch verbindet – an ruhigen Gewässern könnte es passieren, daß die Fische vertrieben werden. An den meisten Gewässern in besiedelten Gegenden sind die Fische Unruhe allerdings gewöhnt.

Da bei beiden Systemen die Bißanzeige am deutlichsten ist, wenn die Schnur in seitlicher Richtung an der Spitze zieht, werden die Ruten im allgemeinen annähernd parallel zum Ufer aufgebaut. Bei Strömung und weiter Entfernung ist es allerdings sinnvoll, mit Hilfe eines langen Erdspießes die Rutenspitze steil nach oben zu richten, um soviel Schnur wie möglich aus dem Wasser zu nehmen und die Montage dadurch zu entlasten.

Wenn der Strömungsdruck auf die Zitterspitze so stark wird, daß sie sich stark biegt und Bisse nur noch schwer erkennbar sind, hilft es, den Winkel zwischen Rute und Schnur etwas zu öffnen und damit die Spannung von der Spitze zu nehmen: nach dem Ablegen der Rute wird die Schnur zum Blei gespannt. Dann Bremse öffnen und vorsichtig Schnur von der Spule ziehen – soweit, daß sich ein Schnurbogen bildet, der von der Strömung auf Spannung gehalten wird. Mit dem sanfteren Winkel entspannt sich die Spitze bis zu dem Punkt, wo sich die Bisse zweifelsfrei erkennen lassen.

Nach dem Wurf und dem Ablegen der Rute kann der Angler nur noch auf den nächsten Biß warten. Bleiben die Bisse aus, wird er das Vorfach verkürzen oder verlängern, andere Köder einsetzen

oder mit einem kleinen Stück Kork, das er auf den Haken steckt, dem Köder etwas Auftrieb und mehr Lebendigkeit verleihen. Bringt dies nicht den gewünschten Erfolg, ist es eine oft mit blitzartiger Reaktion belohnte Taktik, den Köder mit der Hand über der Rolle zentimeterweise zurückzuzupfen, wobei er nach jedem Zupfer wieder einige Zeit liegengelassen wird.
Ein Biß zeigt sich bei beiden Systemen durch deutliches Ausschlagen der Spitze. Mit ein wenig Erfahrung läßt sich zuverlässig beurteilen, wann der beste Zeitpunkt für den Anschlag gekommen ist

Fischen mit dem schweren Bodenblei

Beide Methoden – sowohl das Karpfenfischen als auch der Ansitz auf große Raubfische – sind keine Methoden für den reinen Anfänger und schon gar nicht, wenn der Anfänger sehr jung ist! Da das nötige Gerät kostspielig und teilweise sehr anwendungsspezifisch entwickelt wurde, empfiehlt sich bereits bei der Auswahl der Grundausstattung der sachkundige Rat eines erfahrenen Anglers, der das Gewässer kennt, an dem die Geräte überwiegend eingesetzt werden. Und für die ersten Erfahrungen am Wasser wäre zu empfehlen, sich diesem Angelfreund anzuschließen, um die Grundkenntnisse in direkter Anschauung zu erwerben.

Modernes Karpfenfischen:
Drei Erfindungen haben dazu beigetragen, das Karpfenfischen zu einem äußerst populären Trend und so erfolgreich zu machen: die modernen, zweigeteilten Kohlefasersteckruten mit ihrer straffen und wurfstarken Aktion, der Boilie als Erfolgsköder Nr. 1 und die Montage des Köders am „Haar“ – einem am Haken angebundenen Faden. Das Geheimnis dieses Köders liegt neben dem guten Geschmack in seiner Ausgewogenheit der Nährstoffe und der selektiven Wirkung auf Karpfen – von anderen Fischen wird er selten genommen.
Mit Hilfe dieser drei modernen Errungenschaften ist es heute möglich, den scheuen Karpfen gezielt zu beangeln und die unzähligen Erfolge der letzten Jahre beweisen, daß es sich nicht nur um Zufallsfänge handelt! Natürlich kann man auch mit anderen Ködern als Boilies wie einem Madenbündel, einer Brotflocke oder einem Bündel Maiskörner einen Karpfen fangen, wenn man sie ihm mundgerecht vorwirft. Aber es gibt in jedem Naturgewässer wesentlich mehr Weißfische als Karpfen, die es sicher nicht zulassen, daß ein wahllos hingeworfener Leckerbissen liegenbleibt, bis er von einem der wenigen Karpfen gefunden wird. Boilies dagegen sind relativ groß und fest und werden von anderen Fischarten nur vereinzelt aufgenommen. In der Regel bleiben sie also liegen, bis ein Karpfentrupp erscheint, um sie aufzusammeln.

Es gibt Boilies in vielen Geschmacksvariationen und die meisten sind erfolgreich. Als besonders fängig haben sich Fruchtaromen wie Tutti Frutti, Banana, Scopex und Erdbeere erwiesen. Inzwischen gibt es ein breites Angebot an Fertigboilies und es ist für den Anfang lohnenswert, es damit zu versuchen, bis man genügend Kenntnisse erworben hat, um sich an eine eigene Ködermischung zu wagen.

Gehen wir davon aus, daß sich der angehende Karpfenangler mit allen notwendigen Geräten gerüstet hat:

zwei geeignete Ruten – beispielsweise 11 Fuß lang und 2.25 lb stark, zwei Rollen mit einer Kapazität von 200 m 0.30er Schnur, ein Rod Pod oder zwei Erdspieße mit den entsprechenden Auflegern, zwei mechanische Bißanzeiger wie Swinger sowie zwei elektronische Bißanzeiger. Dazu Montagezubehör wie Haken, Haar, Siliconschlauch und Boilienadel, ein großer Kescher, Waage und Wiegesack.

Bevor er diese Ausrüstung am Wasser aufbaut, muß er ein geeignetes Gewässer finden. Hierbei sollte er dem Rat erfahrener Karpfenspezialisten oder eines Fachhändlers für Karpfenangler vertrauen, die ihm ein Gewässer nennen, in dem es eine große Zahl von kleinen und mittelgroßen Karpfen gibt, die sich nicht allzu schwer fangen lassen. Sich gleich zu Anfang an ein schwieriges Ge-

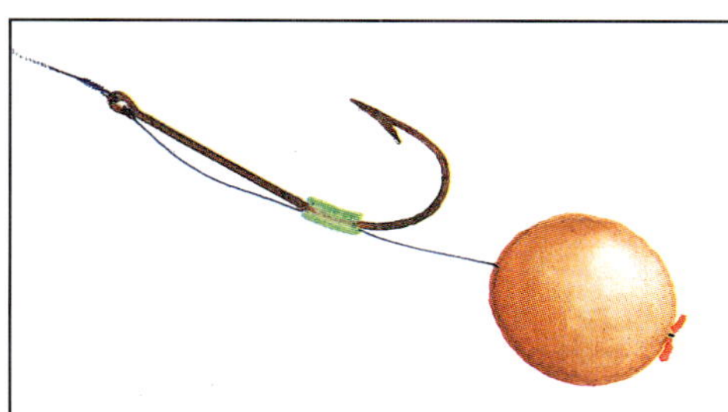

Haar mit Boilie am Haken

wässer zu setzen, wo der Erfolg sogar von den besten Anglern schwerstens erkämpft werden muß, ist für den Anfänger zu entmutigend.
Ist ein solches „leichtes“ Gewässer gefunden und hat man dem Anfänger vielleicht sogar eine aussichtsreiche Stelle verraten, ist der wichtigste Schritt getan. Hatte er dieses Glück nicht, muß er verschiedene Gewässer besuchen und dort auf Entdeckungstour gehen. Um nun eine Stelle zu finden, die den Einsatz lohnt, helfen ihm einige Faustregeln, die häufig ihre Berechtigung beweisen. Grundsätzlich wird der Karpfen dort fressen, wo er Nahrung findet. Und er wird sich dort aufhalten, wo er sich wohlfühlt: Warmes Wasser und ausreichend Sauerstoff machen ihn aktiv – er beginnt, nach Futter zu suchen. Im Winter wird man ihn also an den tiefen Stellen finden, da dort das Wasser die höchste Temperatur bewahrt. Im Sommer kommt er in die flachen Zonen, wo sich das Wasser am schnellsten erwärmt, also wird man ihn in ufernahen Zonen, mit Vorliebe auch in der Nähe von Inseln vermuten. Gelegentlich wird man ihn hier rollen sehen. Gebiete mit Wasserpflanzen sind im Sommer für ihn unwiderstehlich.
Hat sich der Angler für eine Stelle entschieden, wird er mit einer Menge von 50 bis 100 Boilies anfüttern – wenn es Entfernung und Zeit zulassen, vielleicht sogar über einige Tage regelmäßig täglich. Dabei achtet er natürlich darauf, daß er möglichst unbeobachtet bleibt, damit nicht ein anderer erntet, wo er gesät hat!
Der zukünftige Angelplatz ist vorbereitet, die Köder und die Geräte liegen bereit. Um seine Ruten nun einsatzbereit zu machen, bieten sich dem Angler zwei grundsätzlich verschiedene „Rigs“, wie die Karpfenmontagen in ihrer Gesamtheit von den Spezialisten genannt werden:

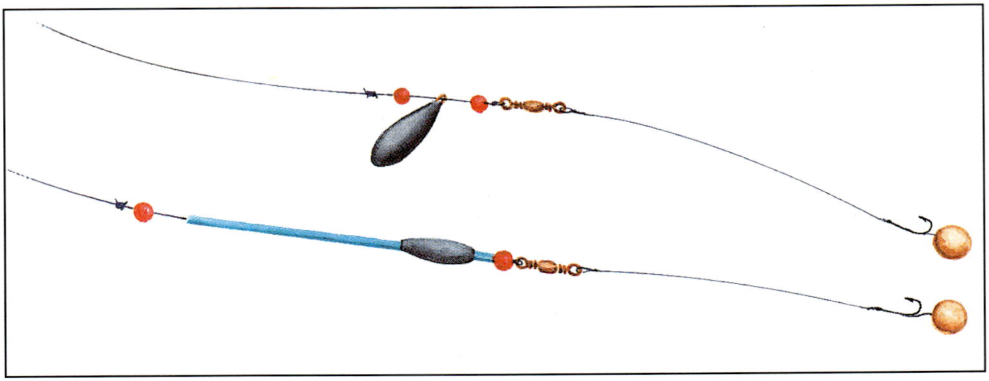

Karpfenmontagen: Fluchtmontagen mit einfachem Seitenblei und Weitwurfblei

1. Die Laufbleimontage – eine Montage, die dem Fisch möglichst wenig Widerstand entgegensetzt, damit er vertrauensvoll den Köder nimmt. Das Blei ist so leicht wie möglich – nicht schwerer als es die Wurfdistanz erfordert. Der Köder sitzt an einem Haar von bis zu 5 cm Länge, denn der Karpfen ist vorsichtig und mißtrauisch prüft er einen Köder, indem er ihn einsaugt und ausbläst – hin und her, bis er ihn hoffentlich so nimmt, daß ein Anschlag gesetzt werden kann.

2. Die Fluchtmontage mit festgesetztem Blei, die eine Fluchtreaktion mit entsprechend deutlicher Bißanzeige auslösen soll, sobald der Karpfen mit dem aufgenommenen Köder weiterschwimmt und dabei gegen das solide Bleigewicht schlägt, wobei sich die Spitze des völlig freien Hakens hoffentlich im weichen Maulbereich verfängt. Das Blei ist so schwer wie es die Rute erlaubt, also zwischen 60 und 120 g, um den Fluchteffekt so stark wie möglich zu unterstützen. Hier ist das Haar sehr kurz – der Köder sitzt knapp unterhalb des Hakenbogens. Der Angler hofft, daß sich der Haken bereits beim ersten Einsaugen irgendwo im Maul verfängt und eine deutliche Bißanzeige ausgelöst wird.

Häufig wird beim Karpfenangeln eine entfernte Stelle angefüttert, wodurch entsprechend weite Würfe erforderlich werden. Um zu verhindern, daß sich bei diesen Weitwürfen das Vorfach verheddert, werden verschiedene Methoden mit Erfolg eingesetzt. Das praktischste Hilfsmittel besteht in einer durchbohrten Bleibombe, die auf einem harten Röhrchen steckt. Diese Anordnung wird Anti Tangle Blei genannt. Der Trick: die Tube ist länger als das Vorfach und bietet so keinerlei Ansatz, wo sich das Vorfach verhängen könnte. Die hier vorgestellten Methoden und Montagen sind zwar nur ein Anfang, aber sie sind hochgradig effektiv und haben sicher den weitaus größten Teil aller Karpfen gefangen, die jemals das Land für eine Fotositzung besuchten!

Mit totem Köderfisch:

Als begehrte Beute und Lieblingsfisch hält der Hecht wohl einen Spitzenplatz und viele Angler versuchen, ihn mit einem toten Köderfisch zu verführen. Fast alle Gewässer beherbergen auch Raubfische – besonders, wenn sie mit zahlreichen Kleinfischen eine solide Nahrungsgrundlage und zusätzlich gute Verstecke unter abgebrochenen Bäumen, unterspülten Ufern oder im Fluß auch hinter Brückenpfeilern oder Stegen bieten. Hier halten sie sich die warmen Monate hindurch auf, bis sie sich mit Einbruch der Kälte in tieferes Wasser zurückziehen – meistens in Gumpen oder kleine Vertiefungen im Schutz von Baumresten oder Gesteinsbrocken in den tiefen Zonen.

Um einen Köderfisch werfen und den starken Gegner meistern zu können, sollte die geeignete Rute ein Wurfgewicht ab 100 g und eine Testkurve ab

Hechtmontagen mit Köderfisch an der Pose und auf Grund. Detail: Anköderung

3 lb besitzen. Damit der Köder nicht beim Wurf abgerissen wird, biegt sich die ideale Rute unter Belastung zunehmend – bei einigen Modellen bis in das Handteil bei dennoch straffer Aktion.

Die Pose erfüllt sowohl als Bißanzeiger, wie auch als Präsentationshilfe wichtige Aufgaben. Entsprechend weit ist ihr Einsatz verbreitet. Mit ihrer Hilfe ist es möglich, den Köder in jeder gewünschten Tiefe anzubieten. Bei Spezialisten sehr beliebt sind transparente Raubfischposen mit hoher Tragkraft und leuchtendroter Spitze, die entweder auf die Schnur gezogen oder mit Hilfe ihrer Öse nur am unteren Ende aufgehängt werden. Ihre farblose Durchsichtigkeit macht sie von unten für den Räuber nahezu unsichtbar. Im Fließwasser wird die Montage oberhalb des vermuteten Standortes unauffällig in das Wasser gesetzt. Dann treibt sie mit der Strömung ins Ziel, wo der Angler sie festsetzen kann, indem er den Rollenbügel schließt und keine Schnur mehr gibt.

Ebenso ist es möglich, die Montage nach dem Einsetzen ein wenig abtreiben zu lassen, einige Zeit stoppen und verführerisch in der Strömung wedeln und wieder treiben zu lassen – solange, bis einer der Raubfische dem Reiz erliegt. Auf diese Weise lassen sich lange Gewässerstrecken systematisch absuchen – eine Methode, die ihren Erfolg auf Hecht, aber auch auf Döbel und Zander, Barsch oder Aal erweist, wenn die Köder nicht zu groß ausfallen. Statt eines ganzen Köderfisches kann ja auch ein kleiner Fischfetzen mit dieser Methode angeboten werden!

In Seen ohne Strömung wird man den Köder an die gewünschte Stelle werfen müssen oder man setzt bei Rückenwind eine Segelpose ein, die dann ebenfalls den Köder zur gewünschten Stelle treiben läßt, wenn genügend Schnur gegeben wird. Dabei ist es nicht einmal nötig, mit der Tiefe zu experimentieren. Fast alle Raubfische verstecken sich in tiefer gelegenen Zonen, von wo aus sie die Silhouette ihrer Beute gegen das helle Himmelslicht sehen und ihre Attacken starten. Treibt der Köder 1 Meter unter der Oberfläche, ist er für den Räuber deutlich sichtbar und wird zum idealen Ziel des nächsten hungrigen Angriffs.

Wenn die Fische auf unter der Oberfläche angebotene Köder nicht reagieren, kann eine Montage den Erfolg bringen, die den Köder in Grundnähe präsentiert. Eine Grundmontage, bei der auf die Pose verzichtet wird und stattdessen der mit Kork oder Styropor gefüllte Köder genügend Auftrieb bekommt, um aufzusteigen, läßt sich auch sehr gut werfen. Bei dieser Methode verankert ein Seitenblei den Köder am Boden und der Köderfisch ist mit einer um die Schwanzwurzel gebundenen PVA-Schlaufe, die sich schnell im Wasser auflöst, vor dem Abreissen geschützt. Diese Montage wird als Standardmethode häufig von Zanderanglern eingesetzt, die damit kleine Köder bis zu 1 Meter über Grund schwebend anbieten, ohne daß die Montage abgetrieben wird.

Der Reiz des Köders steigt erheblich, wenn gelegentlich an der Schnur gezupft und ihm damit Bewegung verliehen wird. Es wäre nicht ungewöhnlich, wenn dem Angler noch während des Zupfens die Schnur mit einem Schlag aus der Hand gerissen wird und er schnellstens einen Anschlag setzen muß!

Es ist ein lohnenswertes Experimentierfeld, mit Fischölen den Geruchsreiz der Köder zu verstärken. Ein kleines Schwämmchen (auch Schaumgummi) wird mit wenigen Tropfen eines Lockmittels beträufelt und durch das Maul im Köderfisch untergebracht. Die Reizwirkung ist äußerst dauerhaft! Mit einer Einwegspritze und einer überdicken Kanüle, die zähflüssige Öle passieren läßt (im Angelfachhandel erhältlich) läßt sich der Lockstoff auch direkt in die Bauchhöhle, aber auch einen Fischfetzen injizieren.

Besondere Aufmerksamkeit muß dem Vorfach gelten – ist es doch durch scharfe Zähne extrem gefährdet. Bewährt haben sich die weichen, aus vielen feinen Drähten geflochtenen Stahlvorfächer und textile Spezialitäten wie Kevlar-Vorfachschnur oder Quicksilver – ein Material, das für Karpfenmontagen als Schutz vor den scharfkantigen Muscheln der Sandbänke entwickelt wurde. Die Ausführung mit 20 kg Tragkraft bietet selbst einem Wels Paroli.

Welche Fische eignen sich als Köder? Grundsätzlich natürlich jeder, denn ein Raubfisch wird alles nehmen, was ihm erreichbar ist! Aber es hat sich gezeigt, daß es doch gewisse Vorlieben gibt und auch die verschiedenen Eigenschaften der Fische müssen berücksichtigt werden. So sind unter anderem größere Brassen wegen ihrer Hochrückigkeit schwierige Köder, die zu Fehlbissen führen können. Aalstücke und Stinte mit ihrem festen Fleisch dagegen sind wegen ihrer schlanken Form geradezu ideal. Und sie eignen sich hervorragend für weite Würfe, wobei der Aal besonders sorgfältig angeködert werden muß, damit sich die Hakenspitzen beim Anschlag nicht in dem festen Fleisch des Köders vergraben und den Räuber ungehakt entkommen lassen!

Meeresfische sind bei den Hechtspezialisten als Köder äußerst beliebt. Makrele als absoluter Spitzenreiter, aber auch Hering und der bereits genannte Stint haben sich als überaus fängig erwiesen und werden fangfrisch als Vorrat eingefroren. Das Rotauge als Süßwasserfisch ist offensichtlich nach den Salzwasserfischen die Lieblingsbeute großer Hechte. Waller dagegen scheinen einem nicht zu großen Brassen kaum widerstehen zu können. Aalstücke von 15 bis 20 cm Länge scheinen ein universeller Geheimköder zu sein für alles, was unter Wasser Zähne trägt.

Daß die Schärfe und Qualität jedes einzelnen Hakens geprüft wird, bevor der Angler ihn anbindet, dürfte selbstverständlich sein! Die Erfahrung des Raubfischexperten, der nach monatelangem Ansitz seinen Traumfisch an den Haken bekam und ihn wegen zu stumpfer Spitzen, die den Drilling nicht tief genug eindringen ließen, wieder verlor, wird sich jeder Angler gerne ersparen wollen!

Teil 7: Infoservice

Voraussetzungen

In allen Bundesländern Deutschlands sind drei Voraussetzungen zu erfüllen, um Gewässer mit Rute, Schnur und Haken befischen zu dürfen:

1. Nachweis der bestandenen Fischerprüfung durch ein entsprechendes Zeugnis
2. Staatlicher Fischereischein
3. Angelkarte (Angelberechtigung) für das zu beangelnde Gewässer

Fischereirecht ist Landesrecht und untersteht damit der Gerichtsbarkeit und der Verwaltungshoheit der Bundesländer. Die Voraussetzungen sind für alle Länder gleich. Die Landesfischereibehörden setzen allerdings die notwendigen Einzelheiten zur Erfüllung dieser Voraussetzungen fest.
Dadurch unterscheiden sich die Bedingungen in den Ländern in Einzelheiten, sodaß hier nur die allgemeinen Umrisse wiedergegeben werden können. Die landesgültigen Vorschriften müssen am Ort bei der Landesfischereibehörde oder beim Anglerverband erfragt werden!

Fischerprüfung:
In allen Bundesländern ist mittlerweile die bestandene Fischerprüfung Voraussetzung für die Erteilung eines staatlichen Fischereischeins. Als Vorbereitung auf die Prüfung führen die Anglerverbände DAV und VDSF, in einigen Ländern stattdessen die unteren Fischereibehörden oder Kreisverwaltungen Lehrgänge durch, mit denen sich die Teilnehmer auf die Prüfung vorbereiten.
Diese Lehrgänge erstrecken sich über 20 bis 40, in der Regel aber über etwa 30 Stunden, die sich entweder auf mehrere Abendseminare oder vier Wochenendkurse verteilen. Die Prüfung wird durch qualifizierte Prüfer der Verbände oder aber auch als sogenannte Staatsprüfung durch Beamte der Fischereibehörden durchgeführt.
Das Mindestalter für eine Teilnahme liegt im allgemeinen zwischen 12 und 14 Jahren. Lehrstoff dieser Vorbereitungskurse: Gewässerkunde, Fischkunde und -hege, Natur- und Tierschutz, die Fischerei betreffende Rechtskunde, fischereiliche Praxis und die Behandlung der gefangenen Fische.
Die Kosten für die Teilnahme an Kurs und Prüfung können etwa zwischen 50 und 400 Mark liegen, betragen in der Regel aber 100 bis 150 Mark.
Regelung für die Neuländer: Angler, die seit Jahren bereits aktive Mitglieder des DAV sind und die Raubfisch- oder die Salmonidenqualifikation besitzen, sind von der Prüfung befreit – sie erhalten auf Antrag und ohne Prüfung direkt den Fischereischein! Durch diese Regelung wird verhindert, daß versierte und langjährig aktive Angler trotz ihrer unzweifelhaft vorhandenen Kenntnisse gezwungen werden, eine Prüfung auf einem Gebiet zu absolvieren, auf dem

sie ihre Kompetenz bereits bewiesen haben. So sind in der Regel nur – wie in den Altländern auch – die Neuanfänger, denen der Lehrgang äußerst nützlich ist, von der Prüfungspflicht betroffen!

Fischereischein:
In einigen Ländern wird an Jugendliche normalerweise ab 12 bis 16 Jahren auch ohne Fischerprüfung ein Jugendfischereischein mit einem Jahr Gütigkeit ausgegeben, der sie zur Ausübung der Angelei meist in Begleitung eines erwachsenen Fischereischeininhabers berechtigt.
In diesen Ländern kann mit dem Alter von 16, in den übrigen bereits mit 12 Jahren ein Fischereischein beantragt werden. Die Ausgabe erfolgt nur nach Vorlage des Dokumentes der bestandenen Prüfung.
Der Fischereischein kann eine Gültigkeit von unterschiedlicher Dauer haben: für Touristen / Urlauber gibt es Vierwochen-, für ortsansässige Angler Einjahres-, Dreijahres-, Fünfjahres-, Zehn- und Zwanzigjahres-Fischereischeine.
Als Ausnahme: Niedersachsen verlangt keinen Fischereischein, händigt jedoch bei Bedarf (z.B. bei einer geplanten Angelreise in ein anderes Bundesland) ein Dokument aus.
Als Gebühr wird im allgemeinen ein Betrag von 10 bis 20 Mark pro Jahr erhoben. Dazu kommt als Fischereiabgabe ein Betrag von ebenfalls 10 bis 20 Mark, der zur teilweisen Deckung der Besatzmaßnahmen und der Gewässerpflege eingesetzt wird.
Zu erhalten ist der Fischereischein im Rathaus, bei der Kommunalverwaltung, bei den Ordnungsämtern, den unteren Fischereibehörden oder den Kreisverwaltungen – die Zuständigkeit muß jeweils am Ort, am besten in einem Angelgeschäft, erfragt werden.

Angelkarte (Angelberechtigung):
Die Angelkarte wird vom Inhaber des Fischereirechts am jeweiligen Gewässer ausgegeben. In der Regel sind dies Pächter, die Einzelpersonen, aber auch Vereine und im Bereich des DAV die Landesverbände sein können. Für einige Gewässer werden die Berechtigungen sogar direkt von der Fischereibehörde vergeben.
Für ortsansässige Angler werden Jahreskarten ausgegeben – für viele Gewässer jedoch nur an ihre eigenen Vereinsmitglieder, da die Vereine Pflege und Fischbesatz mit allen entstehenden Kosten und Arbeiten selbst zu tragen haben. Zusätzlich gibt es für die meisten Gewässer eine Regelung für Urlauber, die nur eine begrenzte Zeit in einem Gewässer angeln wollen. Für diese Gastangler stehen Tages-, Wochen- und gelegentlich Monatskarten zur Verfügung. Die Preise der Angelkarten variieren sehr stark in Abhängigkeit vom Wert der Gewässer und seines Fischbestandes, bzw. der Kosten, die für die Bestandssicherung aufgebracht werden müssen. So kostet die Tageskarte für ein durchschnittliches

Brassen- und Plötzengewässer mit gelegentlichen Karpfen, Schleien oder Hechten zwischen fünf und zehn Mark, die Jahreskarte je nach Gewässergröße 30 bis 150 Mark. Für ein gutes Salmonidengewässer können pro Tag sogar über 50 Mark und für eine Jahreskarte Beträge selbst jenseits eines halben Tausenders erhoben werden. (Daneben gibt es in vielen Gegenden zahlreiche Wiesengräben und Seen zwischen Feldern mit gutem Fischbestand, die frei und ohne Erlaubnis beangelbar sind).
Verkauft werden die Angelkarten meist in Angelfachgeschäften und Hotels, bei den Vereinen oder auf Campingplätzen. Die Zuständigkeit für das betreffende Gewässer muß vor Ort erfragt werden. Für den Erwerb der Angelkarte wird fast immer die Vorlage des Fischereischeins und des Dokumentes über die bestandene Fischerprüfung verlangt.
Auf den Angelkarten werden stets die besonderen Bestimmungen und Auflagen angeführt, die mit der Ausübung des Angelrechts an dem betreffenden Gewässer verbunden sind. Dazu gehören Regelungen, die das Nachtangeln, die Anzahl der erlaubten Angelruten, die Köder oder Raubfischruten betreffen und es wird der Gültigkeitsbereich mit allen Begrenzungen des Gebietes, das beangelt werden darf, beschrieben.
Diese Regeln, die vom Pächter oder dem Inhaber des Fischereirechts festgelegt werden, sollten unter allen Umständen sehr genau befolgt werden, da die Mißachtung in der Regel sofortigen Einzug des Angelkarte und Verhinderung der Erteilung einer zukünftigen Berechtigung nach sich zieht! Als Gastangler und gleichzeitiger Repräsentant seiner eigenen Region sollte jeder Angler besonders bedacht sein, sich nicht als unliebsamer Vertreter in Erinnerung zu halten!

Die Verbände – Interessenvertretungen der Angler

Als Interessenvertretung der Angler haben sich in Deutschland zwei große Verbände etabliert: der DAV – Deutscher Anglerverband und der VDSF – Verband Deutscher Sportfischer. DAV und VDSF gliedern sich in die Landesverbände mit ihren eigenen Verwaltungen, denen die Angelsportvereine als Mitglieder angeschlossen sind.
Die Mitgliedschaft bei den Verbänden erhält der Angler in der Regel automatisch durch seinen Beitritt zu einem Verein. Für den Vereinsbeitritt wird in der Regel eine Aufnahmegebühr gefordert. Zusätzlich wird ein Jahresbeitrag erhoben, der sich nach der Größe und Güte der Vereinsgewässer richtet. DAV-Vereine erheben einen Beitrag von etwa 100 Mark, in denen die Kosten für die Angelberechtigung bereits enthalten sind. Einzelpersonen erhalten auf Wunsch und gegen Zahlung des Jahresbeitrages von derzeit 25 Mark die Mitgliedschaft beim VDSF. Dem DAV kann der Angler zum Zeitpunkt der

Veröffentlichung nur über die Mitgliedschaft in einem DAV-Verein beitreten. Durch seine Mitgliedschaft genießt der Angler Schutz und Unterstützung durch Verein und Verband sowie die Erlaubnis zur Nutzung aller vereinseigenen Gewässer und Einrichtungen – so unter anderem der Grundstücke.
Mitglieder des DAV genießen darüber hinaus die volle Freizügigkeit des Angelrechts an allen vom DAV gepachteten Gewässern, da die DAV-Mitgliedschaft von allen Landesverbänden untereinander anerkannt wird. So darf jedes DAV-Mitglied die verbandseigenen Gewässer aller Landesverbände ohne weitere Kosten, oder gegen einen geringfügigen Beitrag befischen!
Informationen über den Beitritt zum Verband oder die Adresse eines Vereins in der gewünschten Region erteilen die Hauptgeschäftsstellen der Verbände:

Deutscher Anglerverband e.V.
DAV-Verbandsgeschäftsstelle,
Weißenseer Weg 110, 10389 Berlin

Verband Deutscher Sportfischer e.V.
VDSF-Verbandsgeschäftsstelle,
Siemensstr. 11-13, 63071 Offenbach

Schonzeiten und Mindestmaße

Damit bedrohte und wertvolle Fischarten in ihrer Laichzeit die nötige Schonung und Ruhe haben, wurden für jede Art entsprechend ihres Laichverhaltens Schonzeiten festgelegt, die sich von Region zu Region unterscheiden können.
In manchen Bundesländern (wie Berlin) sind sogenannte Laichschonbezirke festgesetzt, in denen für einen längeren Zeitraum das Fischen generell verboten ist, um den Fischen das Laichen und der Brut das ungestörte Aufwachsen zu sichern. Lage dieser Gewässerzonen und Gebietsschutzzeiten müssen erfragt werden – Listen werden von den Fischereibehörden ausgegeben.
Das Mindestmaß der einzelnen Fischarten wurde festgelegt, damit jeder Fisch wenigstens das Alter der Laichreife erreicht und mindestens einmal für Nachwuchs sorgt. Für den Fortbestand der Arten ist es also äußerst wichtig, sich genau über die Mindestmaße zu informieren, will man einen Fang verwerten. Allerdings sind einige Mindestmaße sehr knapp bemessen. So dürfte ein 35 Zentimeter langer Hecht kaum geschlechtsreif sein. Wenn er nach dem Fang entnommen wird, bedeutet dies, daß er sich nicht fortpflanzen konnte. Im Interesse des Erhalts der Arten und damit auch im ureigensten Interesse der Angler wäre es also, freiwillig ein etwas höher bemessenes Schonmaß, mindestens jedoch das größte Maß der Liste einzuhalten!
Auch die Mindestmaße unterscheiden sich je nach den speziellen Bedingungen der einzelnen Regionen und wurden daher für jedes Bundesland einzeln festgelegt. Die Tabelle zeigt jeweils den niedrigsten und den höchsten Wert.

Fischart	Mindestmaß	Schonzeit
Aal:	35 – 45 cm	ohne
Aland:	20 – 25 cm	ohne
Bachforelle:	25 – 30 cm	1. 10. – 31. 3
Bachsaibling:	20 – 25 cm	1. 10. – 31. 3
Barbe:	30 – 40 cm	1. 5. – 15. 6.
Döbel:	20 – 25 cm	ohne
Hecht:	35 – 50 cm	1. 1. – 15. 5.
Huchen:	70 cm	1. 2. – 31. 5.
Karausche:	ohne	nur Hessen ganzjährig – sonst ohne
Karpfen:	30 – 35 cm	nur Hessen 15.3.- 31.5. - sonst ohne
Lachs:	35 – 60 cm	meist ganzjährig
Meerforelle:	30 – 50 cm	15. 10. – 15. 3. – teils ganzjährig
Nase:	20 – 30 cm	1. 3. – 31. 5.
Rapfen:	35 – 45 cm	Baden Württemberg ganzjährig – sonst ohne
Renken/Felchen:	20 – 30 cm	nur Baden Württemberg 15. 10. – 10. 1.
Regenbogenforelle:	22 – 30 cm	15. 10. – 15. 4.
Rotauge:	15 cm - nur Rheinland Pfalz	ohne
Rotfeder:	15 – 20 cm	nur Hessen 15. 3.- 31. 5. – sonst ohne
Schleie:	20 – 26 cm	1. 5. – 30. 6.
Seeforelle:	40 – 60 cm	1. 10. – 15. 3.
Seesaibling:	25 – 30 cm	1. 10. – 20. 2.
Stör:	100 cm – nur Niedersachsen	1. 1. – 31. 7. – sonst ganzjährig
Wels:	50 – 70 cm	15. 6. – 15. 7.
Zander:	35 – 50 cm	1. 1. – 31. 5.

Außerdem ist zu beachten, daß für viele Fischarten, die in einzelnen Ländern geschützt sind, häufig in anderen Ländern weder ein Mindestmaß, noch eine Schonzeit festgelegt sind, da es in diesen Ländern für die betreffenden Arten nicht notwendig erscheint! Das bedeutet für den Angler, daß er sich für seine Region oder das Gebiet, das er beangeln will, bei der Fischereibehörde genau nach den jeweiligen Daten erkundigen muß.

Die in der Tabelle angegebenen Zeiträume zeigen den frühesten Beginn und das späteste Ende der generellen Schonzeiten in allen Bundesländern.

Rechtsfragen

Neben den Bestimmungen des Fischereirechtes muß der Angler auch die Tierschutz- und Naturschutzgesetze beachten!

Das Tierschutzgesetz schreibt in seiner Grundsatzrichtline in Paragraph 1 vor: Leben und Wohlbefinden der Tiere sind zu schützen. Niemand darf einem Tier ohne vernünftigen Grund Schmerzen, Leiden oder Schäden zufügen.

Was im Einzelfall, also in unserem Fall bei Fischen, Schmerz und Leid bedeuten und wie und ob überhaupt sie verursacht werden können, ist absolut ungeklärt und wird von den Gutachtern höchst unterschiedlich definiert! Daher wird die allgemeine Forderung des Paragraphen 1 von den Gerichten derzeit auf der Grundlage von vorgelegten Gutachten je nach Bedarf interpretiert. Das bedeutet, derjenige, der die besseren Gutachten hat, gewinnt den Prozeß!

Als vernünftige Gründe werden der Fischfang zur Verwertung (wie zur Ernährung) und zur Bestandsregulierung angesehen. Die zur Zeit engste Interpretation des Paragraphen 1 ist der Auffassung, daß maßige Fische nach dem Fang sofort getötet werden müssen – Lebendhälterung, also Aufbewahrung der Fische in einem Setzkescher, wird häufig bestraft. Auf der Grundlage des gleichen Gesetzes ist die Verwendung von lebenden Köderfischen zum Fang großer Raubfische ebenfalls untersagt!

Das Naturschutzgesetz ist nicht ganz so griffig formuliert, besagt aber insgesamt in aller Deutlichkeit, daß niemand Natur und Landschaft mehr als vermeidbar beeinträchtigen darf. Damit ist gemeint, daß Pflanzen, Böden, Gewässer und Luft nicht beschädigt oder verschmutzt werden dürfen.

Da Angler derzeit offenbar als leichte Beute und als „politisch zu vernachlässigende Größe“ (Originalzitat) betrachtet werden, auf deren Kosten sich jedes noch so dürftige Politikerlein und jeder profilierungssüchtige Verband leichten Erfolg sichern kann, wird das Angeln mehr und mehr eingeschränkt – ohne zu berücksichtigen, wie groß der Beitrag der Angler zum Natur- und Tierschutz ist. So dürfen Naturschutzgebiete generell nicht mehr beangelt werden und in Landschaftsschutzgebieten ist es verboten, die Wege zu verlassen, so daß hier faktisch ebenfalls nicht mehr geangelt werden kann. Für die Zukunft muß also die Entwicklung sorgfältig beobachtet werden und die Angler müssen sich über die geltenden Gesetze vor Ort informieren!

Um die Bedingungen des Angelns als Angler mitbestimmen und beeinflussen und die Interessen der Angler sichern zu können, ist es wichtig, sich durch eine Mitgliedschaft in einem Verein und damit bei einem Anglerverband zu organisieren.

Verletzungsgefahr

Einige Fischarten schützen sich vor Feinden mit Stacheln an der Rückenflosse oder mit spitzen Zacken an den Kiemendeckeln (wie der Barsch), die bei unachtsamer Berührung zu schmerzhaften Verletzungen führen können.
Einige Arten besitzen so scharfe Zähne, daß sie beim Abhaken an Land oder an Bord in ihrer Angst zubeißen und den Angler dabei schwer verletzen können (so Hecht oder Seewolf). In den tiefen Reißwunden, die durch die gezackten Zähne und die faulenden Nahrungsreste dazwischen verursacht werden, können schwere Vergiftungen entstehen.
Am sichersten ist es, sich als Anfänger von einem erfahrenen Angler zeigen zu lassen, wie diese Fische so versorgt werden, daß eine Verletzungsgefahr ausgeschlossen ist. Fischen, die ein gefährliches Gebiß zeigen oder auch Fischarten, die dem Angler nicht bekannt sind, sollte er sich nur mit Vorsicht nähern und seine Hände im Zweifelsfall mit schweren Arbeitslederhandschuhen oder wenigstens mit einem dicken nassen Lappen schützen!

Petri Heil

Vincent Kluwe-Yorck
Fische fangen – Mit der Pose
Die modernsten Methoden des Fischens mit der Pose – mit der Kopfrute, Bolognarute, Matchrute, Laufpose, mit »Big Wagg«, dem vorgebleiten Weitwurfwaggler. Dazu alles über Posenführung, Köder, Futter, Fütterungstechniken, über Ruten und Rollen und ihre gewünschten Eigenschaften.
144 Seiten, 33 Bilder, davon 9 in Farbe, 36 Zeichnungen
Bestell-Nr. 41235
DM 29,80
sFr 29,80/öS 218,–

Vincent Kluwe-Yorck
Fische fangen – Mit dem Bodenblei
Fischen mit Schwingspitze, Winklepicker, Quiver und Feederrute. Dazu eine Übersicht von Futterkörbchen, erfolgreicher Füttertechniken und wichtiger Köder – mit Darstellung aller Montagen im Text und in zahlreichen Grafiken sowie Fotos aller nötigen Hilfsmittel und Geräte.
144 Seiten, 33 Bilder, davon 9 in Farbe, 24 Zeichnungen
Bestell-Nr. 41236
DM 29,80
sFr 29,80/öS 218,–

Vincent Kluwe-Yorck
Fische fangen – Nach der englischen Art
Specimen Hunter sind die Profis unter den britischen Anglern. Ihre Spezialität ist das Grund- und Posenfischen. Dieses Lehrbuch nimmt die »englische Art« des Fischens unter die Lupe. Es beschreibt das Angeln mit Schwimmern, Waggler-Posen, Winklepicker- und Schwingspitzruten. Dazu alles übers Zubehör.
140 Seiten, 50 Farbbilder
Bestell-Nr. 41276
DM 29,80
sFr 29,80/öS 218,–

Stand Juli 1998
Änderungen in Preis und Lieferfähigkeit vorbehalten

IHR VERLAG FÜR ANGEL-BÜCHER

Gewerbestraße 10, CH-6330 Cham · Postfach 4161, CH-6304 Zug
Telefon ++41(0)41 740 30 40 · Telefax ++41(0)41 741 71 15

Müller Rüschlikon